歴史文化ライブラリー
73

江戸時代の孝行者

「孝義録」の世界

菅野則子

吉川弘文館

目次

『孝義録』の世界

プロローグ

誉めたり誉められたり、ということは、いつの世においても好ましく嬉しいものである。どんな時に誉められるのか、何ゆえに誉めるのか、そんな七面倒なことを抜きにして、人に誉められたりすると、必ずやその人の心は浮き立つことであろう。現在では、文化勲章をはじめ、春と秋に広くに行われている叙勲などに代表されるように、○○賞とか□□賞といわれる褒美や表彰の類は数えられないほどである。与える側は、与える立場から対象者のそれまでの行為なり成果なりを評価し励ます、他方、賞を受けたものは、表彰されたことによって、それまでの成果を踏み台にして更なる励みと意欲とに自らを駆り立て、その営為を一段と高める新たな一歩をふみ出すことになるのであろう。そうした「表彰」にまつわる精神状況を巧みに人民支配に採り入れたものがある。

江戸時代、幕府や藩などの権力によって誉められた人を書き上げた「孝儀伝」とか「孝義録」と呼ばれるものが多くの地域に残されている。それらの中でも、幕府の手によって刊行された『官刻孝義録』(以下『孝義録』と記す)はもっとも体系的なものである。本書では、これを軸に据えながら、江戸時代の庶民の姿の諸相を、そして、それを通して幕府や藩の支配のねらいとを併せ検討してみたい。

『官刻孝義録』とは

『孝義録』とは

『孝義録』は、寛政改革のとき施された諸政策の中の、民衆への教化策のひとつとして作られた。儒官柴野栗山《しばのりつざん》のすすめをうけて、松平定信が林大学頭《だいがくのかみ》以下の学問所の関係者に命じて作成させたものといわれている。

寛政元年（一七八九）、幕府は、全国に向けてそれまでに各地で善行者として表彰された事例を記録の許す限り写し取り、細大もらさず書き上げるように命じた。その命をうけて、全国各地から提出された表彰事例を、幕府が整理して、享和元年（一八〇一）に『官刻孝義録』として刊行した。これは、巻一から巻五十までの全五〇冊からなっており、飛騨国を除く全国の事例を網羅している（なぜ、飛騨国の事例がないのか定かではない）。

ここに登載された善行者の人数は、八六〇〇人余、そのうちの約一割の七五九件、九〇〇人余については、表彰されるに至るまでの「伝文」（評伝）がつけられている。これらの事例の中でもっとも古いものは、慶長七年（一六〇二）に表彰されたものであるが、それ以後の八〇年間の記録は少ない。幕府が、賞罰厳命策を積極的にとりはじめたといわれる天和年間以降（一六八〇年代）になると、連年表彰事例がみられるようになり、その数は時代が下るにつれて増加していく。

『孝義録』に登載されている善行者については、その氏名・職業または身分・年齢・表彰徳目が記され、さらに、表彰した領主・国郡村などが時代ごとに整理されている。中には、一部空欄になっているものもあるが、それは「人名年齢地名又ハ褒美ありし年なと詳ならさるものあり、尋ね問ふといへとも其事いまた明かならす、後に書補はんか為に、しハらく方囲を加へをくものなり」（凡例十一条）とあるような事情によるものである。

表彰の徳目は、孝行・忠義・忠孝・貞節・兄弟睦《むつまじ》・家内睦・一族睦・風俗宜《よろし》・潔白・奇特・農業出精の一一種である。これらのうちで「孝ハ人の重しとする所なれは、他の善行多しといえとも、孝行をもて題す、婦ハ孝と貞と軽重なし、ゆへに其行ひの至れる方にて名つく」（凡例二条）と記しているように、善行の種類がいくつか重なった場合には、孝行を優先すること、女性の場合には、孝と貞とは、同等であるので提出されたときの書き上げに従うとしている。それ故に、女性については、表彰内容がほぼ同様のものでも、ある地域ではそれが「孝行」として表彰され、別の地域では「貞節」として表彰されていることがある。

以上のようなこともあって、表彰徳目の中に占める「孝行」の比率は高く、全事例の六〇％を上回っている。ついで多いのが奇特、さらに忠義・農業出精・貞節の順になっている。

国郡別に編纂された『孝義録』は、各巻のはじめに、善行者のリストが前述したような順に排列されている。そして、名前の上に〇印が付されている者については、リストの後に「伝文」が載せられている。そこには、それぞれの善行者の表彰に至るまでの事績が記されており、その末尾に表彰者・表彰年月および具体的な褒美の内容とが記載されている。

『孝義録』刊行の背景

幕府の手によって編纂されたこの書のねらいは、善行者の行為を民衆の生き方の模範として人びとに示すことにあった。そのことは、凡例にも記されているように、表彰事例として書き上げられてきたものの中から、「親の敵討」は、一般的ではないので別扱いにしていること、「君父の急」を救おうとして手足の指を切って証《あかし》としたことで表彰された事例などは、「人にをしえ示すへき」ことではないので省いたという（凡例七・八条）。かつては表彰された者でも、『孝義録』が編纂された十八世紀末という時点で、民衆の生き方の手本とはなり得ないと幕府が判断した事例のこのような扱い方に、幕府のねらいがよく示されている。

また、書き上げられてきた「伝文」の記述の中には、各地の俗語や方言がそのまま織り込まれている場合もみられるが、これは、地域の人びとに、それぞれの地域の事例に親近感を抱かせることを意図したものであったと思われる。

さらに、書き上げられてきた事例の中には、凶年に際して人を救ったというものが多いけれど、百姓や町人や寺僧の中で、裕福な者の類は、しばらくは省略するといっていること（凡例六条）にも『孝義録』刊行のねらいがどこにあるのかを知ることができる。一般の民衆の誰でもが、それなりの努力をすれば表彰されうる、だから、ここに掲げられている諸事例を見倣《みなら》い、それを、各自の日常生活の模範にするようにと全国規模で呼びかけたのである。

こうして、享和元年に刊行された『孝義録』は、人びとの日々の生活における徳育教化の資料として、全国各地で市販され、人びとに供されたのであった。

「孝行者」の群像

『孝義録』のなかで、全体の六割を上回っている「孝行者」の、その「孝行」の内容はきわめて多様であり、その具体相は、事例の数だけあるといってよい。また、一人で幾通りもの「孝行」とされる「善行」を兼ね合わせているので、さらにその内容は多彩を極める。そこで、「孝行」の内容をいくつかに分類したうえで、その大要を検討してみたいが、まずは、広く一般に観念された「孝行」、当時の人びとの眼に映じた「孝行者」の姿を見ることからはじめよう。

「孝行橋」に名を残した池田庄右衛門

薩摩　宝永四(一七〇七)年　年齢不詳　松平豊後守領分　鹿児島城下恵比須町

父の死に伴いすっかり家が傾いてしまったため、池田庄右衛門は、花を作ったり髪結いをして母を養うこととなった。その母も年を重ねていくにつれ、中風を病み、手足がいうことをきかなくなってしまったので、彼は、母を抱きかかえては起臥を助け、朝夕の食事時には箸《はし》をとって食べさせなければならなかった。母が好物を望めば求めてはすすめ、夜ごとには母の側でいろいろな物語を聞かせて母が眠りにつくのを待った。庄右衛門は着るものとてなかったけれども、寒い夜には、母の寝間に布団などを重ね、自分の身で母の肌を暖め、夏の暑い時にはあおいで涼しいようにしてやった。このような貧しさの中で孝養に尽くしている彼をみて、周囲の人が感心して、衣服や米銭などを与えたりすると、その衣服を母に着せ、自分は相変わらず古いものを着通していた。

年頃になったので、隣人が庄右衛門に妻を迎えるように勧めると、彼は、母一人を養うことさえままならないのに、妻など迎える身ではないといって決して女房を持とうとはしなかった。その後、母は天寿を全うして終わった。

宝永四年十月、領主にこのことが聞こえて、庄右衛門は恵比須町に町屋鋪《まちやしき》一ヵ所と鳥目とが与えられて表彰された。鹿児島の城下では、みな、彼のことを「孝行庄右衛門」と称し、その町屋敷の傍らの橋を「孝行橋」と名づけた。庄右衛門は享保九（一七二四）年四月に亡くなったけれども、その後、誰かが「孝行橋」の柱に一首の歌を書き付けた。

幾世々をかけて朽せぬ人の子の道ありし名ハ橋に残て

「孝行殿」助太　肥後　元文元(一七三六)年　十八　細川越中守領分　山鹿郡中村郷庄村

百姓助市の子助太は幼いときから父母に孝を尽くし、何事もその旨に違うことはなかった。十五歳の時、父を失った後は、ひたすらに母への孝養を厚くしたのであった。彼は、母が病ちであったので、あまり遠くへ出かけることはなかったが、たまたま出かけるときには帰宅時間を守り、一夜として外泊することはなかった。

ある年の冬、母が重い病に罹ってしまったので、助太は昼夜かたわらにいて起き臥しを助け二便の事にも心をつかい、汚れたものは洗いきよめるなどして常に清潔を保つことを怠らなかった。貧しい暮らしではあったがやりくりしては薬を求めて与えたり、母が望むものを調えてはすすめ、ひたすらに母の心を慰めた。

彼にはこれといった生業はなかったので、近所の人に雇われ、その賃銭を得て生活していた。ある日、人が助太に仕事を頼みにきたのに、彼はそれを拒んで行かなかった。人がその訳を問うと、母の病状が思わしくないので、自分の留守の間に、母にもしものことがあっては大変なので家にいて世話をすると答えた。

彼の家の側にわずかの畑があったが、助太は小さい時からその畑に作るものについてはみな母の言う通りにしてきた。ある年、母の教えに従って、そこに茄子《なす》を作ったが、とてもよくできた。彼は、それを粮《かて》に換えようとして、その交換比率を母に問うた。母の指示した比率は低かったので、それを聞いた村人たちは、母のいうとおりに交換するならば利潤はまったくないではないかとあざ笑ったが、彼は、母親の心に逆らうことは恐れおおいので、それに背くことはできないと答えたという。

近所に松尾の社《やしろ》があり、毎年、祭りには歌舞伎などが催され人が多く集まるので、友人が、助太が家にばかりいるので慰めようとしてそれに彼を誘ったところ、母一人を家に残して行っては母がさびしく思うだろうからとせっかくの誘いを断るなど、すべてが母の心を第一に思う助太であった。

人との交わりもなくひたすら母の側にいて孝養に心を尽くしたということが、誰いうとなく広まり、里人は、みな彼のことを「孝行殿」と呼んだという。元文元年領主から扶持米《ふちまい》が与えられた。助太十八歳のときであった。

「甚介俵」を織る甚助　備中　承応三(一六五四)年　三十三　松平内蔵頭領分　浅口郡柴木村

三人の兄弟は小さい時に父に死別し、母の手によって人となった。中でも、弟甚助は小さいころから孝悌の誠の持ち主だったので、兄や母との折合いはよかった。だから、兄たちが財産を譲り受けて出ていくときにも、母は兄の元へは行かないで、甚助とともに暮らすことを望んだ。甚助は、夜になれば自分の身をもって母の床を暖め、枕上に付き添って母が眠るのを待ってそこを離れる、また、母がなかなか寝付かれない時にはあれこれと様子を聞き、夜が明けるまでまどろまなかったこともしばしばであった。朝は早く起きて茶を煎じ、母が目覚めるのを待ってそれを勧め、夏の夕べには母に先立って蚊帳《かや》に入り、蚊がいないのを確かめたうえで休ませ、冬は焚き火して寒さを凌《しの》がせ、たまたま町に出れば、母の好きな魚やくだものなどを求めて帰るなどひたすら孝養を尽くした。

それに対して、兄は農事を怠り、父から譲られた田畑もすっかり荒らしてしまった。そして、甚助に向かっていうには、自分は兄であるからよい田を譲り受けるべきであるのに、親の愛が薄かったので自分に与えられたのは悪い土地であった、だからいくら力を尽くしても土地はどんどん荒れていってしまう、それに反して汝《なんじ》はよい土地を貰い受けたので豊かになった、汝の田を自分に与えるように、さもないと汝の邪魔をするといって甚助を脅した。甚助は、聊《いささ》かも逆らうことなく、兄のいうに任せて、自分の田と兄の荒れた田とを交換した。兄と交換した田はその年からよく実り、兄へ与えた土地は、また荒れてしまい不作続きとなり、未進（年貢のとどこおり）は嵩《かさ》んでいった。

庄屋は兄を憎み、懲らしめのために兄を倉に閉じこめようとしたのを甚助が聞いてひどく嘆き、兄の罪を許してくれるように、また兄の未進分は自分が償うからといって詫びたので、庄屋も甚助の誠に感じて兄を許した。ところが、兄の不精は一向になおらず、ついに家を破り身を寄せるところもないようになってしまい、そこここをさまよい歩くありさま、甚助は、また自分の田地を分けてそれを兄の田と名づけて自分で耕して兄を養った。

このように、甚助はまめやかな者であったので、年貢なども人より早く納め、すべて庄屋に任せ自分の利をはかることもなかったので、春になると余った米の返却を受けることも往往にあった。こんな甚助であったから、年貢を入れる俵を作るのにも、人一倍ていねいに作るので彼の織った俵は「世の諺《ことわざ》にも甚介《(ママ)》俵とそいひはやしける」ものであったという。

ある時、郡奉行が、彼の行いを称美して米を与えたところ、彼は、家に帰ってまず母を拝み、母がいればこその賜り物にあずかった、だからこれは母のために用いるといって、母に好みのものをすすめ、一粒たりとも自分のことには用いなかった。

母は、八十歳にもおよぶ年であるのに、人の目にはどうみても六十歳そこそこにしか見えなかった。人びとは、いぶかしく思って問うと、母は「甚助か孝行によりて聊《いささ》かの苦労のなけれは、いかてか年のよりへきそ、仮《たと》ひ国主の母君と仰かれ給ふ人とても我にハ及ひ給ふまし」と答えたという。

これらのことが領主の耳に届き、承応三（一六五四）年十一月、領主は居城に甚助を呼び寄せて「汝か孝悌《こうてい》の聞え隠れなし、誠に人の鏡なるへし」といって、耕作しているところの田畑を永く子孫に伝えるべしとの判物《はんもつ》を与え、馳走した。

その時、人びとが、甚助にどのような心でこのように誠を尽くすのかを聞いたところ、甚助は「別にこゝろあるにもあらす、母にさきたちて物くへは口にむまからす、母に先たちていぬれは身安からす」といい、また「兄は汝か心にも似す親に誠なく汝にいとをしミうすきはいかに」の問いに対しては、「兄は多病によりて詮《せん》かたなく農事に怠りぬるを、人はさこそいふらめ」と答えた。また、ある人が、その村人に「甚助ハ母に孝ありて田畑を下し賜ハれり、汝かともから、いかに羨む心のある」といったのに対し、「かれか事ハ人の及ふへきならねは、一村をミな給ふとも羨しからす」といったという。

ある時、熊沢了介（蕃山、一六一九～九一）というものが郡中を巡検し甚助の許に立ち寄ったとき、その家は藁《わら》や筵《むしろ》を敷いたわびしい住家であったが、上の間だけには畳がしかれ、すびつ（炭櫃、いろりのこと）がきってあり、そこに母が座していた。門をくぐったときから、その殊勝の様子がわかり世の人びとが賞するのももっともなことであると思い、言葉なくして帰ったという。

出雲国においては、子どもたちが手習いをするとき、初級の「いろは」に次いで、領主が甚助に与えた判物を手本にして学んでいるということである。甚助は、天和元（一六八一）年の秋、六十歳で命を終えたけれども、その子もまた甚助といって、篤実な性質の者であり八十歳で身まかった。その孫もまた甚助といってその心様は父に劣らず、祖父の跡を継いで孝悌の誠深く、母への孝養にはひとかたならないものがあった。

この事例には、きわめて多彩な善行の数々が散りばめられている。その中心は、親への「孝」と、兄への「悌《てい》」であり、この二つを軸にして、さらには、領主や庄屋への「忠」、村人への「信」なども含み込まれている。儒教的枠組みによって支配していく立場に立つ幕藩領主にとっては、まさに模範的庶民像をみる思いであったといってよいだろう。そして、なお注目されるのは、模範的庶民としてのこのような甚助の生き方は、子孫に受け継がれていっていること、郷土の誉れでもあり、子どもたちのみならずひろく郷土の人びとの生き方の手本とされていることである。甚助が表彰されたのは十七世紀半ばであるが、その孫もまた、十八世紀半ば、延享二（一七四五）年に表彰されており、ともに『孝義録』に収載されていることの意味は大きい。

「孝行記」を書いた亦兵衛

若狭　安永五(一七七六)年　四十八　酒井修理大夫領分　三方郡鳥浜村

亦兵衛は、生まれつき篤実もので、父母によく孝行を尽くした。庄屋を勤めていた亦兵衛は、常に憐れみ深く人の善行を喜び、悪事を嘆き人びとへの教諭を怠ることはなかった。里がよく治まり、孝子順孫が多かったのもひとえに亦兵衛の教化によるものであると人びとは彼を称えた。

亦兵衛は、父が生きているとき、父の手の形を紙に写しとりそれを表具しておいて、父の死後、それを父の形見として永く持仏堂に懸けておき、それに向かって朝に夕に拝礼して、父への供養を怠らなかった。出かける時にはその旨を告げ、帰れば拝し、四時の野菜や菓子など、珍しいものがあればそれを供えるなど、まるで父が生きているかのように敬うのであった。

亦兵衛は、村の内に孝心ある人がいるときけばその者を招きその行いを誉め、これからも怠らないようにと褒美をとらせたりした。ある時、桶屋の伝四郎が継母に対して不孝をしていることを耳にした。亦兵衛はさっそく伝四郎を呼び、彼の「不孝」を非難するのではなく、逆に「孝心」の聞こえがあると称美したところ、伝四郎はその言葉を聞いて、自らの行為を恥じ、志を改めて孝行を尽くすようになったという。

亦兵衛は、日ごろから村の善行者を称えて、後々の人の手本にもなるであろうと「孝行記」というものを記し、家に収めてあった。その文は、拙いものであるけれども、その意は誠に神妙であったという。

また、彼が自分の子孫のためにと書き置いた文には、

兄ハ弟を憐ミ弟ハ兄を敬ひて友愛の道たかふまし、ふたゝひ兄弟と生れん事はかりかたし、又親族に睦ひ永く疎遠になすへからす、ひとりの下部《しもべ》めしをくとも常に情をかけ、必《かならず》道ならぬ事もてつかふへからす、彼もミな親あり、親の子を愛する事いつれもかはりあるへからす

と書かれていた。この文は、彼が病に臥していながら、筆を執って記したもので、やや意味不明の箇所もあるけれども、大要は右の通りであったという。彼の子もまた、亦兵衛といい、その人となりは篤実で、父の志を継いですべてにわたってまめやかであった。

亦兵衛が表彰された事由は、父の死後の供養の仕方がとくにすぐれていること、そして、彼がいかに村をよく治めていったのかがその趣旨であった。また、注目されるのが、あたかも『孝義録』を先取りしているかのような亦兵衛の視点である。善行者の表彰、時には、

不孝者を教化するに際して、その行為を直接に非難するのではなく、逆に誉めるというやり方によって不孝者を更生させている。そして「孝行記」を記したり、子孫のために文章を書き残しているという。その文章は、「伝文」からの引用にみるように、儒教的倫理を反復するものであった。もっとも、『孝義録』の編者が「其意《その》詳《つまびらか》に解しかたけれと、その大略ハかくそありける」といっているように、幕府の意向に添って整理されてしまったことで、亦兵衛の微妙な表現は損なわれてしまっているのかもしれないが。

「孝行者」として表彰された者たちの多くは、「孝行橋」に名をとどめた池田庄右衛門、みんなから「孝行殿」と讃えられた助太、織った俵が世の諺に「甚介俵」とまでいわれた甚助、自ら「孝行記」を書いた亦兵衛らのように、一人でいくつもの善行を兼ねている場合が多い。かれらの事績をはじめ『孝義録』に書き上げられた「孝行者」たちの善行の内容をまとめてみると、おおよそ以下のようになる。

(イ)　先祖供養、父母の弔い・墓参り、親の形見尊重

(ロ)　家の維持・継承、家の創業・再興、生計の立て直し

(ハ)　老親の養育、家族の養い、病人の看病

㈡　家族道徳・礼儀作法の励行、親への服従、一家の和

㈭　公儀の遵守《じゅんしゅ》

などである。それぞれの項に注意しながら、以下、具体的事例をみていこう。

家と孝行者

先祖へのつとめ

高らかに題目を唱える藤右衛門

相模　安永元(一七七二)年　七十　大久保加賀守領分　足柄下郡板橋村

母親思いの藤右衛門は、歯がなくなった母に、常に軟らかいものを見つくろったり、精がつくようにと魚を食べさせたり、出かけたときには必ず土産に菓子などを求めて帰り、母に勧めたりした。夏になれば、涼しいところに伴い出て物語りして聞かせたり、人の手を借りることなく風呂に入れたりして懇《ねんご》ろに介抱した。藤右衛門は、若いときから酒を好んだけれども、父の代よりはじめた紺屋家業を続けていくのに酒を飲むことはよくないという母の忠告を聞き入れ、五十一歳の時、酒を断った。

先年来、藤右衛門が百姓代を勤めていたときから、周囲のものに向かって「たとひ人のおやたりといふとも、老たるものをうやまふへき」であることを説いていたので、村人もよく彼に従っていた。しかし、この役を勤めていると、母の介抱もままならないということで、その役割を子の藤兵衛にゆずり、藤右衛門自らは、母にひたすら仕えることとなった。

母の死後、藤右衛門は、毎朝、早くから起きて「先祖厚恩母菩提」のために題目を大きな声で念じた。あまりに大声だったので、はじめのうちは、とがめるものもあったけれども、毎日のように怠ることもなく唱え続けたので、人びとも感じ入ったことであった。旦那寺へ出向いたときには、家にいるときよりも、ひときわ高らかに題目を唱えることを常としていた。また、母が、いつも「世中《よのなか》の人に日の光の恵ミうけぬものやはある、日出《いで》ぬさきに起出てよろつの事をもなすへし」といっていたのを、もっともなことだと思い、ことさらに日を拝しては題目を唱えるのであった。

このようにひたすらに先祖を拝んだのは、藤右衛門なりの信仰があったからであると伝文はいう。すなわち、藤右衛門の母の代までは三代にわたり女子に婿をとって家を継いできたけれども、藤右衛門の代になると、兄弟もあり、彼には男子も生まれ、家業もきちんと相続できるようになった。これはひとえに先祖の厚き恵みによるものであると思って、藤右衛門はこのように祖先への供養に力を注いだのであろうと。

領主大久保加賀守は、このような藤右衛門を孝行者として表彰し、彼の田畑の高五石一斗二升余に対する貢租を生涯免除した。安永元年二月のことであった。

父の肖像画とともに暮らす権助

出雲　寛延二(一七四九)年　七十　松平出羽守領分　嶋根郡西川津村

幼いとき母を失った権助は、父と暮らすことになった。領主に仕える「小人《しょうじん》の勤」(若衆)をしていた権助は、父が七十四歳の時江戸に出向かなくてはならなくなった。年老いた父を残していくことに心はすすまなかったけれども、宮仕えの悲しさで致し方なかった。そこで、権助は、父の姿をしっかりと目に焼き付けて国元をあとにした。江戸に着くや、父の肖像画を注文しようと芝の神明の近くの絵師を訪ねた。父の背丈が五尺五寸であること、いつも花色に染めた木綿の衣に鼠色の羽織を着ていることなど、その姿形を詳細に伝えて、父の姿を五寸五分に縮めて描いてくれるようにと依頼した。なかなか似たようなものに仕上がらなかったけれども、十七枚目ではじめて、これこそまさしく我が父に会う心地がするといって大喜びでそれを抱えて、麴町の経師屋へ駆けつけ表装させた。

以来、権助は家にいるときは、その絵に向かってものをいったり礼を述べたり、朝に夕に食膳を供え、外出するときには、それを首にかけて出かけるなどして身からはなすことがなかった。江戸での仕事が終わって国に戻り、父に孝養を尽くしながらの生活を再開したけれど、父が八十一歳になった時、ふたたび江戸行きを命じられてしまった。後ろ髪を引かれる思いで出立したものの、遠江《とおとうみ》の日坂《にっさか》の駅で父の訃報に接した。泣く泣く江戸に赴き、赤坂に人の形をよく刻む職人がいると聞き、そこに出向きさっそく父の像を作って貰った。権助は、その像に向かって朝夕の膳を供え、ものを語りかけては拝礼し、また寒暑、風雨などにも心を配り、さながら生きているかのように仕えたので、周囲のものたちはみな「孝行権助」と呼んだという。任務終えて国元へ帰り、父の三周忌の法要をも懇ろに営んだ。こうした権助の行いに対して寛延二年、領主松平出羽守より生涯にわたり年々米が与えられることとなった。

「小人の勤」をする百姓権助の事例は、一面では下級武士が持つ問題をも内包している。江戸詰めを命じられ、単身赴任を余儀なくされたことによる父子の別離の悲しさを、どのように捉え、それをどのように克服していったのか、そのあり方のひとつを知ることができる。また、留守の間には次のような悲劇もみられた。本章の課題とは少々ズレるけれども掲げておこう。

留守中に母が子どもを売る——単身赴任がもたらした悲劇

豊後　天明四(一七八四)年　六十六　松平駿河守領分　足軽

岩野藤内は、領主の足軽であった。父は早く亡くなってしまったので、彼は母の養育に力を注いだ。夏には枕をあおぎ、冬には寝具を温めることはもとより、年老いて目が不自由となってしまった母を懇ろに介抱をした。家の中にばかりいると気も滅入ってしまうだろうからといって、時折背負っては友の所へつれていき、ころあいを見計らっては迎えにいくというぐあいに、細やかな心遣いをするのであった。

母は、煙草を好んだので、いつも用意しておくことを忘れなかった。藤内自身は煙草をのまなかったが、母が、藤内に煙草をすすめたとき、彼がのまないというと、母は、それでは自分ものまないというので、しかたなくキセルを持って自分ものむまねをして母の心を慰めた。

母は、猫を可愛がり、猫の飯に「なまくさき物」がないと母の食事もすすまないので、貧しい生計の中ながら、いつも鰹節や干物などを備えておいた。また、猫がいなくなると、それを探し回って尋ねだし、心配する母を安堵《あんど》させたりもした。

先年、江戸屋敷の勤番のためしばらく留守をして戻ってみると、待っているはずの藤内の妻子が居なくなっていた。訝《いぶか》しく思って隣の家で尋ねてみると、母が、藤内の子どもを河原者に売ってしまったこと、妻は何か子細あって家出をしたということであった。そこで、藤内は、金を才覚して河原者の所へいき、懇ろに詫びてやっと子どもを引き取ってきた。母のそんな所為に対しても少しも恨むことなく孝養を怠ることもなかった。

その後、ふたたび江戸勤番にさせられるという話が持ち上がったとき、母に別れて出向くことの心苦しさを愁訴したところ、それが受け入れられて、地元勤務の役にふり当てられた。とはいっても、二里ばかりの距離があったので、時には近くの温泉で自分の身体をいやしたいと思うこともあったけれども、母を介抱する者もいないので、朝早く出かけ、夕べには必ず帰り、その度ごとにいつも土産を用意することを忘れなかった。ある日、とある町で、母の好みの饅《まん》頭《じゅう》が蒸し上がっているのを見てそれを求め、温かいうちにすすめようと一里ばかりの道を走り帰ってすすめた。

はじめは、腹悪しき母ではあったが、藤内の心からの行いに感じて、後には直ぐなる心の持ち主になっていった。天明四年、藤内は領主から米が与えられて表彰された。母は、同七年、八十九歳でなくなった。その後、天明八年、藤内は、切《き》り米《まい》（扶持米）二石五斗を加増され広《ひろ》敷《しき》（大名家の台所向き）の賄い役になったという。

江戸勤番を強いられて藤内が留守をしている間に、母と妻子（姑・嫁の問題）との間に齟《そ》齬《ご》が生じてしまったのであろう、勤番が果てて帰宅してみると妻子が消えていたという、何ともやりきれないものがあった。現代版「単身赴任」が引き起こした悲劇の一幕をみるような思いである。母と妻子との間にどのような事態が引き起こされたのか、具体的なことを知る由もないが、結果を見れば、母と妻子との間に起こされた悲劇はそれなりに想像することができよう。

母と妻子との間に挟まって藤内は、「留守」ということによって引き起こされる悲劇をいやというほどに味わわされたのだろう。それゆえに、二度目の江戸勤番の話が持ち上がったときに、「別れゆく事のこゝろ苦し」として愁訴したのであった。

また、この事例には、庶民（ここでは下級武士）の日常生活の一端を知りうるいくつかの事柄が記されている。たとえば、猫をペットとして飼っていること、その餌に鰹節や干物などが宛てられていたこと、酒や煙草、さらには饅頭などの菓子が嗜好品として、生活の中に深く浸透していたことなどである。

父の追善に心する鞍崎加右衛門・はる兄妹

筑前　享保十六(一七三一)年　六十・不詳　松平筑前守領分　夜須郡甘木宿

代々土器を作ることを生業《なりわい》としている加兵衛の子加右衛門は生まれつき正直であり、親にもよく仕えていた。幼いときから親の教えをよく守っていたが、早くに母に死別したあとは、妹とともにひたすら父に孝養を尽くした。やがて、父は老い、病気がちになったので、貧しい中を何かと工面して薬を求めては服させたりして心を尽くして介抱したけれども、その甲斐《かい》もなく父はなくなってしまう。

父の死後、三年の間、彼ら兄妹は、雨雪も厭《いと》わず毎日墓に詣でて水を手向け香華を捧げることを怠らなかった。また、父の好物だった餅や団子などを調えて茶湯とともに霊前に供えることをも忘れなかった。そして、一周忌・三回忌には彼らの身にすぎた供養を盛大に営んだ。その後も、数年のあいだ加右衛門は妹とともに、ただ蔬菜のみを食し、魚鳥の肉を断ち、外出するときには必ず霊前に告げ、帰ってくればまたその旨を語り、あたかも生きているかのように父の霊前に対するのであった。

父の追福を祈るために彼らは、法華経を書写することを思い立ったけれども、貧しくて料紙を手に入れることもできなかった。それを知った隣家の医師がととのえて彼らにそれを与えた。加右衛門はことのほか悦《よろこ》んで、安長寺の前住持徳岩にその書写を頼むと、徳岩も彼らの孝心を思ってそれを快く引き受け、数ヵ月かかって書き上げてくれた。加右衛門は、書写の労を執ってくれた徳岩に対しては、折々に野菜や菓子果物などを贈り、また料紙を調達してくれた医師には、三年ほどのあいだ何くれとなく心をはこびその恩に報いた。

加右衛門とはるとは、兄妹の仲も睦《むつ》まじかった。はるが、十一歳のとき母が亡くなりやがて父も亡くなったあとは、彼女は、兄の加右衛門を父のように敬った。また、兄も妹はるを娘のようにいつくしみ、明け暮れとなく兄妹さし向かいで二親のことを語り合って悲しんだり懐かしんだりした。はるは、早くに母と死別したけれども、誰が教えるということもなく自ら工夫して機織りや物縫うことを習得してしまった。また、彼女は姿かたちも良いので、妻にほしいと望むものも多かったけれども、兄一人残していくのは寂しかろうと思い周囲のすすめにも、はるは心を動かさなかった。

このような兄妹の行いが周辺の村々に伝えられ、所の役人の耳に入り、家の修繕のためにといって米が与えられた。しかし、彼らは親の住んでいたところを改造することはできないといって固くそれを辞した。ところが、周囲の者が、役人よりの賜り物を辞退するのはどうかと諫《いさ》めたので、致し方なくそれをうけて家を修理した。その際も、桁より上は父の形見だといって古い竹木を用い、父手作りの土器と父が使い慣れた杖とを棟木に結い添えて家の守りとした。また、父が生きていたときには、貧しくて蚊帳《かや》を持つことができなかったけれども、死後にやっと調達できたといって、両親の位牌を蚊帳のうちに据え、あらためて兄妹して両親の在世中にそれを調えることができなかったことを悔やんだことであった。彼らは、両親の供養に心を尽くしただけではなく、兄妹睦まじく、すべてのことに心やさしく、日頃から領主を敬い、公役や定まった出銭なども貧しいながらも時を違えることなく納めていた。やがて、そのことが領主にも聞こえて、彼らは表彰され、米が与えられた。時に享保十六年のことであった。

喪を全うした幸蔵　豊後　明和二(一七六五)年　年齢不詳　細川越中守領分　□□郡鶴崎町

幸蔵は、一時、親族が営む藤本屋に養子にいっていたが、養父母ともに亡くなってしまう。その後、実父が病にかかって手足が不自由になり五年が過ぎた。彼は、日夜実家へ行き父を厚くいたわり養った。父が好む昔や今の物語をしたり、近いところへ一緒に出かけては心を慰めるなどして心を尽くした。しかし、その甲斐もなくやがて父も亡くなってしまった。

幸蔵の悲しみは世の常ではなく、三年のあいだ魚鳥の肉を食わず、月代《さかやき》を剃らず、人と交わらず、常に家に閉じこもって喪を過ごした。今時は、五十日の喪さえ待つこともないという習いであるのに、彼のように喪をきちんと過ごすのはめずらしいということで領主より褒美の物をあたえられた。

養子に行った後、養家への勤めとともに実父の世話をしたこともさることながら、ここではとくに、喪の服しかたについての幸蔵の行動が評価されているのが注目される。彼のほかに、阿波の瑞朔、肥後の義仙、大隅の八左衛門なども同様であった。当時、一般には、父母・夫の喪は、忌五十日、服十三ヵ月、父方の祖父母および夫の父母の場合は、忌三十日、服百五十日、母方の祖父母・父方の伯叔父母・兄弟姉妹・妻・嫡子の場合は忌二十日、服九十日、母方の伯叔父母・嫡孫の場合は忌十日、服三十日、従兄弟姉妹は忌三日、服七日であり、七歳未満の子女には服はなかった。

　こうした「喪」の慣行について、のちに明治になって下田歌子は、礼式を教諭する書の中で「喪は其易《をさ》めんよりは寧ろ戚《いた》めるにしかず、作法の厳《いつく》しからんよりも礼儀の備はれるを可とし、外見の飾り盛ならんよりも、内部の情厚からんことをこそ望ま」しいと述べている（『女子　普通礼式』博文館　明治三十年）。

　ともあれ、親の喪を全うすることが、「孝行者」の要件であることがあらためて強調されていることは、見方を変えれば、そうした慣行と庶民の生活習慣との間にはかなり距離があったことを意味するのであろう。近時、五十日の喪さえ全うする者は珍しくなってしまったというこの幸蔵の「伝文」が、その様子を如実に示している。それ故に、幸蔵のようなきちんと慣行を守った行為は、庶民へのよい手本とされたものと思われる。いずれにせよ、喪の慣行のみだれは、やはり親や先祖を敬うことの軽視にほかならないという権力側の認識があったのであり、ここで、慣行を守ることの大切さを強調することにより先祖崇拝の浸透化にテコ入れすることでもあったのであろう。それゆえに、喪を全うするものは、まことに「孝行者」であった。

母の弔いのために黒髪を切ったくの

出羽　明和五(一七六八)年　三十　酒井左衛門尉領分　飽海郡酒田山王堂町

商人惣次郎の妻くのは親によく仕えた。婿である夫惣次郎が目を患ってしまい、なにごとにも思い通りにいかなくなった夫の面倒を見ながら、くのは常に夫を立て、また夫婦の際《きわ》も正しかったので近隣の人は感心していた。母は宝暦十（一七六〇）年病気でなくなってしまったが、くのの悲しみは大きく心憂きときが永く続いた。明和三年に七回忌を迎えることになったけれども、家が貧しくて供養するための費用を調えることができず夫婦ともに悲嘆にくれていた。くのは夫に向かって「人として親の跡弔らハぬは人の道ならすとそ承りし、今ハ我黒髪をきりてかもし(髢《かもじ》)となし、布施の料にかへんの外あるへからす」といった。これを耳にした夫は、別にこれといった方途もないのでよきに計らうようにと答えた。

くのは、自分の髪を切ってそれで二つのかもじを作り、娘に持たせ、それを市で銭百五十文に換えたけれども、なお不足だったのでいろいろな調度を取り出しては質に入れ、漸《ようや》く合わせて二百六十文の必要経費を捻出することができた。くのは、それをさっそく菩提寺に持って行き、布施に二百文、野菜の料に六十文を宛てて、心ばかりの法要を営むことができた。その時、くのは二十八歳であった。

くのは、髪を切ったことを親族にも押包んで一切語ることをしなかった。出かけるときには手ぬぐいで頭を包んでいたので、知られることはなかったが、三年ほど経って、誰いうとはなしに惣次郎の妻は法事を営む料を作り出すために髪を切ったなどという噂が飛び交うようになった。やがてそれが領主にも聞こえて明和五年、米を与えられて賞された。

母親の七回忌を迎え、その法要の費用捻出のために自らの黒髪を切ったことが領主の知るところとなって表彰された事例である。当時においては、「黒髪」は女性のシンボルであった。その大切なものを法要の費用に充てたということが好ましいとされたのである。取り立てて収入の手だてのない女性にとって、追いつめられたときにはそのシンボルを投げ出さなければならないことが多かったと思われる。このように「黒髪」を切って一家を養ったということで表彰されるケースは『孝義録』の中にかなり見られるところである。

家の維持・継承

一家をもり立てた妙喜

肥後　貞享二(一六八五)年　五十三　細川越中守領分　阿蘇郡高森郷白河村

庄屋七右衛門の娘妙喜には九兵衛と四郎兵衛の二人の弟があった。母は彼女が十三歳の時に亡くなり、父は四十歳のころから病に罹り、村の役も勤めることができなくなり、髪を剃り教閑と名を変え、家のことを一切放棄してしまった。そのために、日々のくらしは貧しくなっていった。妙喜は、生まれつきさとく、小さいころから父の側にいていろいろ見聞していたので、長ずるにおよんで、家のこと一切を、みんなの先頭に立ってきりもりした。彼女は、幼い弟たちを励ましながら傾いた家をもり立て、ふたたび庄屋役を引き受けることができるように家の再興に力を尽くした。

やがて、かつてのように、多くの男女の召使いをおくようになったけれども、妙喜は、彼らの手を借りることなく病気の父の世話を一切自分の手で行った。年頃になったとき、親戚の者たちが彼女に結婚することを勧めたけれども、彼女は、父が年老いたうえに病も加わってきているので、自分が家にいて養わなければ心許ないといって受け入れなかった。そして、家のことを自ら中心になってやりくりしながら、父が八十歳で亡くなるまで、父の看護を怠ることはなかった。父が亡くなった時、彼女はすでに五十三歳になっており、もはや、外に嫁すべき身でもないと思い、手ずから髪を切り尼となって、妙喜と名を改めた。

父の世話をしながら、弟たちをおしたて、傾いた家を再興したことの功績は大であるとして、領主から年々米を与えられることとなった。貞享二年のことであった。

父の身をあがなった弥兵衛

出羽　天明四(一七八四)年　四十四　上杉弾正大弼《だんじょうだいひつ》領分　置賜郡越中里村

貧しい百姓であった弥兵衛の父は、身を投じて人に仕えていたので、残された弥兵衛は祖父と暮らしていた。宝暦五（一七五五）年、貧しさに加えて、凶作に見舞われた弥兵衛の家ではまさに家産が尽き果てようとしていた。その時、まだ十三歳であった弥兵衛は、どうすることもできず、日々袖乞いをして暮らしを凌《しの》がなければならない有様であった。一、二年後、祖父は亡くなってしまう。そのころ、父は、まだ人に仕える身であったため家を継ぐことができなかった。そのことを悲しんだ弥兵衛は、自ら近くの人に仕えて身《み》の代《しろ》を得て、それでまず父の身をあがなって家に引き戻し、さらに、五、六年して自分の身をもあがない帰り、父とともに暮らすことができるようになった。

その後、弥兵衛は妻を迎えて、夫婦ともに昼夜となく産業に励んで家相続を果たし、父の孝養にも心を尽くした。その様子が領主の耳に届き、弥兵衛には米、妻には銭が与えられた。

養父母への孝心も厚い庄助　武蔵　寛政八(一七九六)年　四十一　江戸町奉行支配所　神田花房町

庄助は、借家人善六の子であった。近くに材木を商う長右衛門に娘と息子とがあったが、長右衛門は病がちであり、息子はまだ幼いので、娘に婿を迎えることとなった。十六年前、媒《なかだち》があって、庄助はそこへ入婿し、名を「半七」と改めてその家を継ぐこととなった。庄助は、生まれつき篤実であり、養父母に孝を尽くし、義弟をいつくしみ、町役のこともよく勤めた。また、家業をもよく切り盛りし、家内もうまく治まっていたけれども、次の年に妻が亡くなってしまった。養母は、彼女の姪を迎え婿庄助の後妻とした。庄助（半七）は、やがて義弟の吉次郎が成長し、商いの道も町役も勤まるようになったならば、彼に家を継がせるために、吉次郎を自分の順養子にしようと提案すると、養父母は結果として実の子が家を継ぐことになるので大変悦んだ。そこで庄助は、親族にはかって、ゆくゆくは町役も家産も吉次郎にゆずることにしようと、名跡も吉次郎に「半七」を名乗らせることにした。こうして、吉次郎改め半七の養父となったもと「半七」の庄助は、養家から出て花房町に別屋して、名を、はじめの庄助に戻し、竹を商うことをはじめた。

庄助が、養父の家にいたときには、外に出歩くこともなく、ひたすら家業に励んでいたのを吉次郎は見倣《みなら》っていたし、また庄助がよく彼を教え導いたので、吉次郎は立派に成長した。一人前になった吉次郎改め半七のようすをみ、養父母の心をも推し量った庄助は、新しい半七に全面的に家を継がせることとした。悦んだ養父母はこれまでの庄助の働きを思い、本家の財を庄助に分与することを告げたが、庄助は、分けてしまうと本家の貯えが減ってしまうといって聊《いささ》かも受けようとはしなかった。

庄助はその後も、別家から養父母を訪ねては細々と安否を問うたり、半七をなにかと慈しんだ。また半七も庄助を見倣って孝心厚くいよいよ貞実を尽くした。これはみな庄助の教えによるものであるということが公《おおやけ》となり、その有様が調べられた結果、庄助に、また半七にも褒美の銀が下された。

これらの事例は、いずれも家を維持継承したことが評価されたものである。妙喜は、女の身でありながら傾いていく家を父に代わって再興した。「結婚」を拒否し、いわば女の一生をなげうって病身の父と幼い弟たちの養育に力を尽くしながら家の維持再興に専念した。ここでは、さらに家を再興した後の女性のその後が注目される。妙喜は、目的を果したのち仏道に身を委ねた。十七世紀後半、未婚のまま「老境」を迎えた女性の身の処し方はそう多様ではなかった。『孝義録』にみるこのような女性たちは仏門に入ることが多かった。

また、弥兵衛の事例は、とりたてて継承するような家産や家名があったようにはみえないのにもかかわらず、家を継ぐことがこの一家にとって大きな関心事であったことを示している。「小百姓」ながら、その家継承に一身を犠牲にしてでも力を尽くしたことを表彰しているということは、幕府や藩がとる小農維持策と不可分に結びついているものであった。たびたび出される幕府や藩の法令の中には「百姓相続」を重視し、百姓の家を絶やさないようにと記されていることが多い。「小百姓」の維持を図ること、それは担税能力者の維持確保であり、それが脅かされるような状況に立ち至ったときには、村で一丸となってその保護と維持に心しなければならなかった。その方法はいろいろあったけれども、そのあり方の一つの実例が弥兵衛のような場合であったといってよい。

庄助の事例は、一家の中に家を継承していく者がいない場合、養子によって維持を図ろうとするものである。ただ、この事例では、養子の役割が中継ぎ的なものであり、結果として実子に家を継承させることができたことで決着づけられている。十分に有能な養子であっても、家相続という場合においては、やはり「実子」に、すなわち血縁原理が優先するということを、よく示している事例であろう。

嫁姑関係　妻と母のはざまで――江戸時代の婚姻を考える

妻を離縁した藤十郎　陸奥　明和二(一七六五)年　三十五　松平肥後守預所　会津郡田嶋村

持高一石四斗の百姓藤十郎は、若くして父に死別したので生活が苦しくなり田地をみな質入れしてしまい、自らは、大工職をして母を養っていた。母は、五十四歳になるころ中風に罹り手足が不自由になってしまったので、藤十郎は、母をまるで幼子を養うように扱った。長い病のことであるから心を慰めようと草花を鉢に植えて眺めさせたり、折に触れてはそれを植え替えてみたり、小さな棚を作ってその上に菓子や栗豆などを煮ておき、夜ごとの母の慰めにしたりもした。

母が病臥してからは昼夜介抱に時間が割かれるため、なかなか自らの業をすすめることができず、致し方なく衣服などを売ったりしてその日を送るありさまであった。村人もそうした状況を見るに忍びず何かと心をつかって彼らに物を贈ったりした。

藤十郎は、五年以前に妻を迎え、彼女との夫婦の仲は睦まじかったし、家の内もよく整っていたけれども、どうもそれが母の心には叶わないようであった。折に触れては、母があれこれと妻の噂をするので、藤十郎は心苦しく思ったけれども、密かに妻に異見を加えたりした。しかし、いかにも嫁姑の仲が良くないので、去々年の春、妻を年礼といって親里へ行かせ、そのあとで離縁状を送付し、嫁具なども送り返して離別してしまった。

「不孝の罪」を恐れた池田安太夫

若狭　宝暦十二(一七六二)年　六十九　酒井修理大夫領分　遠敷郡下中郡尾崎村

ゆえあって先祖より苗字《みょうじ》を名乗っている安太夫は、父の代までは田地の高も十二石ばかりあったが、今では一石余りになってしまった。川に出向いては鮎を捕り市に持っていき、それを売って生計を立てていた。父は、早く亡くなり、九十一歳になる母が残されたが、母は、生まれつきかたくなな者であり、なかなか心を開かなかったけれども、安太夫は三十年余りも心を尽くして養育することを怠らなかった。かつて妻を娶ったこともあったが、母の心に叶わなかったので一年余りで離縁してしまい、以後は自分一人で母の面倒を見てきた。しかし、母が老い衰えていき、どうにも安太夫一人では十分な介護もできなくなったので、下女をおいて介護の手助けとした。

この女は、やがて安太夫とのあいだに子どもを生んだ。しかし、「賤しきもののならひにてめしおきし女の、子をもてるハ大やう妻となす事多けれと」安太夫は、もしまた母の心に叶わないと「不孝の罪」を逃れ難いといって、その下女を妻とはしなかった。下女とのことをはじめ、すべてを母の意に任せおいて、安太夫は少しも自分では取り計らうことをしなかった。

大工職で生計を立てている藤十郎は、父亡き後、母親に孝行を尽くしたことで表彰された。ここで注意されなければならないことは「嫁姑の仲」がうまくいかないことを解消するために嫁を捨てて姑をとっていることである。すなわち、親である母を妻より優先させていること、そのことが、親を大切にしたと観念され「孝行者」として表彰された。藤十郎と妻とのあいだは仲睦まじかったという。彼女がいることで家の中がきれいに整っていたともいう。妻の側にはとりたてゝ落ち度はなかったようである。ただひとつ、姑との仲がうまくいかないということだけであった。そのことだけでいとも簡単に離縁されてしまう婚姻のあり方、家の中における嫁の位地などが改めて問われなくてはならないだろう。

安太夫もまた、嫁姑との不仲に際して、嫁を追い出したこと、そのことは母を大切にしたための行為であったこと、そして、とに角母親によく尽くしたことが孝行であるとして表彰されている。何事も、母の意を優先させていることが孝行であるという。また、注目されるのが、下女を置き、そのものに子どもを生ませた場合の措置である。たとい「賤しきもの」であろうとも、子どもを生ませてしまったときには、そのものを妻とすることが一般的であったということである。しかし、そうした通念があるにもかかわらず、ここではそれを全うしていない。母の心に叶わないのではないかということを危惧して、妻としなかったという。このような安太夫が「孝行者」として表彰されていることに、あらためて江戸時代の家の中における夫と妻、そして嫁のあり方を思う。

九郎右衛門の離婚　備前　年代・年齢不詳　松平内蔵頭領分　津高郡中田村

人に仕えその給銀で母を養っていた久郎右衛門は、身を惜しまずに勤めたので、主人も日頃から九郎右衛門に情けをかけていた。朋輩とも睦まじくしながら十年余りも同じ家に奉公していた久郎右衛門は、母が老い衰えていったので、暇を貰って家に戻り、農事の勤めに人一倍励んだ。

妻との間に一人の男子があったが、久郎右衛門はその妻を母の心に叶わないということで追い出してしまった。村人たちは訝《いぶか》しく思い、男子さえあるのをどうしてそんなことをしてしまったのか、呼び返すようにと強くすすめたが、「母の心にかなはねはこそ出しつれ、この後、心あらためよくつかへんにハともかくもなしてん」といった。そこで村人は、彼の妻にその旨を伝えたけれども、彼女は心をあらためて母に仕えることに同意しなかったのでそれ以上の気遣いを止めた。

その後に迎えた妻も、母への心配りがよくないといって暇をとらせるなど、九郎右衛門はすべてにわたって、母の心を優先させるのであった。ある夜寒のころ、酒屋の門を叩いて酒を乞うたが、その家の主が深夜寝静まったのになぜ起こすのかといって怒ると、九郎右衛門は夜の寒さに母が眠れないので、せめて酒でもすすめれば母も眠りにつけるのではないかとの思いで、酒を売る家を探しまわった、みな寝静まってしまい、起きていると思われる家はなく、この辺りへ二度ほど往来したが、母のことを考え思い切ってこちらの門を叩いた、心苦しいとは思ったが、起こしてしまって申し訳ないと詫びた。事情を聞いた主人は彼の孝心に感じて、快く応じてくれ、今後もそのようなことがあれば心おきなく来るようにといって、酒酌のものにもその旨を諭し伝えた。

これも、親孝行のあり方の一類型である。一つは、子どもまでもうけた妻をはじめ二度までも、母との折り合いが悪いといって、妻を追い出してしまっていること、つまり、嫁姑との対立に対して、姑である母を嫁に優先させていること、二つには、母のために、酒屋へ無理を強いているが、それも母を大切にしていることのあらわれであったとされていることである。

そのうえで、注目したいことのひとつは、はじめの妻を追い出すにあたって村人が、男子があるにもかかわらずなぜ離婚してしまったのかといっていることである。つまり、「男子」があるということが、家を受け継いでいくための重要な要件であったということ。ふたつは、村人が、離縁された妻に、九郎右衛門の言葉を伝え、それを翻すようにすすめたけれども、妻は離縁の決意を翻さなかったということである。一見すると、嫁姑との仲が思わしくなく、母の手前、夫が妻を離縁したというかたちをとっているけれども、見方を変えれば、嫁の方に別れたいという思いがあり、むしろここでは妻の意思表示ともいえるような状況を読みとることもできる。単に、妻が一方的に夫から離縁されたというのではなく、妻側からの働きかけがあったとみることもできるのではないか。

ともあれ、「嫁姑」の折り合いが悪い場合、夫が嫁を追い出すこと、すなわち、姑（母）を嫁に優先させることによって解決することが多かった。そして、そのことが「孝行」でもあるというのであった。まさに、このような処理のされ方の中に、江戸時代の結婚のあり方や家の中における「嫁」の位地などをみていく場合のヒントが含まれている。
このような事例は『孝義録』の中に数多くみられるが、そのことは、家の中に悶着が起きたとき、男女の問題もさることながら、親を絶対的存在とすることによって事態を律していくことの重要性を、権力が庶民に示すものでもあった。そして、その背後に、妻側からの離婚要求も間々あったであろうことも看過するわけにはいかない。

妻が離縁される理由　美作　寛政三(一七九一)年　五十一　森対馬守御預所　東南条郡高野本郷村

孝行者として表彰された彦次郎は、美作国東南条郡の百姓であった。父善六の時から農業の合間に酒の請売りをもしていたが、家がだんだん貧しくなり、借財がかさんでいき、宅地も田もその負債を償うために手離してしまい、残り十二石余が彦次郎に譲られた。

彼は、心やさしく、農事に励み、酒を好む父母のためにいつも酒を調えておき、外出したときには肴《さかな》を求めてすすめた。明和二年、母が痔の病いに罹ったので、いろいろと医療を尽くしたが、長引いたので、母の看病のためにも妻を迎えるようにとの周囲の勧めで、妻を迎え、ともに母の介抱に当たったが、明和七年に母は亡くなってしまった。

母の病気治療のための出費が嵩《かさ》んで生活が苦しくなってしまったけれども、残された父の養育には事欠くほどではなかった。それなのに、妻は、父の養育の出費を何かと嘆くので、このままでは、父の心に叶わないのではないかと案じて、彦次郎は、二歳になる男子を人に預け、妻と縁を切って家から追い出してしまった。夏秋の刈り入れ時には女手が必要であったが、その時には人を雇って済ませ、父への奉養を欠くことはなかった。安永五年から父が中風を病んでしまったのに加えて、七歳になった子どもが家に戻った。そこで彦次郎は、朝は早くから家族の食事を調え、昼は田野の勤めをはじめ遠くへ薪を取りにいったりして休む暇なく働き、夜は寒暖に気をつけ父子を養った。父は、三年後の安永八年に亡くなってしまったが、彦次郎は日ごとに仏壇に香をたき飯菜を供え、農事に出るたびごとに墓詣でを怠らなかった。

その後も、妻を迎えることなく、子どもと暮らし、常に領主を敬い、村長の掟を守り、公納物上納についてはいろいろ工面しながらも決して怠ることはなかった。

これは、ごくふつうの孝行者の姿を示す事例であるが、その中で注目されるのが、妻を離縁するときの理由である。姑の介護に続く舅《しゅうと》の介抱、それは嫁にとって身心ともに大きな負担を強いるものであったに違いない。そもそも彦次郎の結婚のきっかけが「母の看病」のためであってみれば、家の中における嫁の位地は明らかであろう。その嫁が、姑亡き後、舅の養育費に難癖をつけることは彦次郎にとっては許せないことであったのだろう。したがって、そのような態度は父の心に叶わないものであるとして夫は妻を離縁した。そして、そのことが権力によって、親を大切にしたことで「孝行者」として表彰されたのであった。家の中の治まりは、家族が一家の主の命令に従うことによって保たれるのであり、女性が、まして嫁が、それに文句を差し挟むことは許されないというものであった。

このことは、裏返していうならば、さきにみた九郎右衛門の妻の場合の事例を含めて、十八世紀末ともなると、庶民の家において、必ずしも夫に「従順」ではない妻たちもまたかなり存在していたということにもなるのであろう。

両親の離婚に泣いたぎん　美作　寛政三（一七九一）年　二十五　松平越後守領分　津山城下河原町

ぎんは、津山城下に借家して住む日雇いをする市兵衛の娘であった。ぎんが十歳の時、母が、父の心に叶わないということで離縁させられてしまった。以後、父と二人の生活がはじまった。父は、ぎんに向かって、もし道で母に会うようなことがあっても言葉を交わしてはいけないといった。ぎんは、とても悲しかったけれども、父の言に従わざるをえなかった。その後、母との音信はなかったが、勘六というものと再婚したという噂が耳に入った。やがて、父は病に臥して日雇いの仕事もできなくなり、草履《ぞうり》や草鞋《わらじ》などをつくって細々とその日を送るような有様となった。そこで、ぎんは奉公に出ることとなった。そうこうするうちに父の病は重くなり、ぎんの看病の甲斐もなく寛政二年、七十二歳でなくなってしまった。

ある日、町内で徳山卜也というものを呼んで講話が催されるということを聞いたぎんは、奉公先の主人の許しを得てその席に加わった。卜也の講釈が終わったとき、ぎんは、はからずも大声を上げて泣き崩れてしまった。人びとがその理由を問うと、ぎんは「いとけなき時より母は父の心にかなハて出行、今ハ河原町の勘六か妻となり娘を」もっていると聞き、父が在世の時から母に逢いたいと思っていたけれども、父の言葉を守って母に逢うことを絶っていた。父が亡くなった今、「母もあひミんといひ、己《おのれ》もひたすらしたはしけれと、心にまかせす有しか」、時も経ったので母に逢うことは許されるのではないか、それともやはり父の戒めを守り続けるべきか迷っていた、今宵の話を聞いて、やはり父の言葉通りに母と逢ってはならないという結論になったことが悲しいと答えた。

それを聞いた周囲の人びとは胸のつぶれる思いにとらわれ、卜也とはかって、今から父の墓前に行き、その旨を告げてから母に逢うようにするとよいと告げた。ぎんは、大悦びでその通りにして、母との再会を果たした。以来、ぎんは、しばしば母と勘六を訪ね孝養を尽くした。

ここでは、両親の離婚によって子どもがどのような立場に追いやられたのかということが語られている。いかなる理由で離婚することになったのか、ここでは明らかではないが、少なくとも、その離婚によって、いかに子どもが悲しい思いにさせられたのか、父は、決して母に会ってはならないといい、母はしきりと娘に会いたがっている、娘もまた同様な気持ちであった。しかし、子どものぎんとしては、父親の言葉が絶対であったのであり、その言葉のもとに十歳という多感な少女の母への思いは押しつぶされてしまった。離婚によって引き起こされた「子どもの犠牲」のあり方を示す一例である。

老いと病

桶屋勘六の言葉　和泉　安永七(一七七八)年　四十二　岡部美濃守領分　岸和田城下浜町

勘六一家は、父熊平・母亀・勘六・弟十次郎・妹さんの五人家族で暮らしていたが、父が亡くなった後、母は、十次郎を養子に出し、残る二人をつれて七右衛門のところに再嫁して子吉兵衛をもうけた。母に連れられて七右衛門の所へ来たとき勘六は十二、三歳、さんは八、九歳であった。七右衛門の家は貧しかったので、勘六は十二年ほど人に仕えたのち家に戻り、養父とも睦まじく暮らすようになった。

ある時、養父七右衛門が桶結いに出向いたが、その出先で中風で倒れたとの知らせが入り、家中のものがおどろいて、駕籠《かご》で迎えに行き連れ帰り、さまざまに治療を加えた。よい薬があると聞けば遠いのも厭《いと》わず出向いていっては求めて来たし、七右衛門があれこれと文句をつけるのに対しても、ひとつとして逆らうことなくその心に従った。手足が不自由になったうえ、口も心のままにならなくなってしまった七右衛門を、勘六はまるで稚子《おきなご》を育むように扱った。二便の時の起居には女手では心許ないと、兄弟して仕事をしている最中でもそれを打ち捨てては父を助け、夜には夜で代わる代わるにその動向を見守った。

長い病であったので、ともするとみなは、その介護に疲れはて怠りがちになるのを見て、勘六は家の者たちに向かって、次のように諭した。

凡《およそ》世中に親ほと大切なる物ハなきそかし、なからんのちに、今一たひ何をかすゝめ、ふたゝひ伽《とぎ》をもなさはやとおもへとも、せんすへなし、命あらん限ハ力をつくし聊《いささか》も心のこりなきやうにこそあらまほしけれ、長き月日とおもひなは、あくことあらん、たゝけふあすのほとゝおもひとりて病をもたすくへきなり、世はみなたかひに推うつれハ、けふハ人のため、あすハ我身のためとおもひてゆめゆめなをこたり給ひそ

これを聞いた者たちは、もっともなことであるといってその言に服した。その後、七右衛門は亡くなり、暫《しばら》くして母も病に臥したけれども、この時もまた兄弟して力をあわせて介抱に当たったことであった。勘六は、養父の生業であった桶結いを義弟の吉兵衛に継がせて家業の維持

を図った。このように、家のうちが治まっているというだけでなく、人との交わりも睦まじく、弟の吉兵衛の心根がまめやかであるのも結局は勘六のなせるわざであるということで勘六は表彰された。

ここでは、複雑な家族関係にありながら、家の中がうまく治まっていること、長引く養父の病、それに疲れて、ともするとその介護に怠りがちになる家族、その中にあって、親の大切さ、命の尊さを説きながら家族の和をはかろうとしていく勘六の姿勢に、領主は、庶民の手本とされるべきものを読みとったのであろう。

十八世紀も半ばともなると、老病者の介護を忌避する傾向が目立ってくる。寛政改革時、幕府から諮問をうけた中井竹山は、老親介護について次のように述べている。民間においては、家に老人や病人がいると何かと厄介なものと思い、ともすると家族の中に介護を厭《いと》う心が生じる傾向がみられるようであると。

『孝義録』はまさにこうした動向への対処の一策であった。このような状況下にあって、人びとの精神を涵養するために、この勘六のような行いを、手本として庶民に示し、それを見倣《みなら》わせる必要があるという権力側の洞察があったといってよい。

老親を慰める太四郎　出羽　天明元(一七八一)年　四十九　上杉弾正大弼領分　置賜郡西大塚村

父は多病であり人並みの仕事はできなかったので、太四郎は十三歳のころから人に仕えてその身の代を両親の養いに宛てていた。太四郎は人に仕える身ではあったが、夜だけは家に戻り父の安否を問い常に家族の動向に注意を払っていた。

ある時、父母が温泉に行きたいというので、主人に暇を貰って父母を連れて出かけた。彼らを温泉に届けるや、自分は直ちに戻って仕事につき、日数を数えて両親を迎えに行った。おかげで、一時は父の病も快方に向かったかにみえたが、やがて病状は悪化し、歩行も叶わなくなってしまった。しかし、太四郎は折々には足を動かさなくては治らないといって、父を背負ったり、うたなど歌って一緒に家の中を歩くなどして、まるで子守が稚子《おさなご》を扱うように手を添えた。近所に神楽打や獅子舞などが来ると聞けば父を誘ったりして、なるべく外へ引き出そうとした。父が外へ出るのをいやがるときは、太四郎が自分で出かけていってその様子を覚えて帰り、こう舞った、かく歌ったなどといってその様を真似たりすると、父もしばらくは病苦を忘れるかのようであった。やがて、父は、回復の見込みがないと覚るや後のことを太四郎に託して失せた。太四郎は、その父の言葉通りに彼を懇ろに弔った。

病人をどのように慰めるのか、その一端を知ることができる。「寝たきり」にさせては身心ともに衰えてしまうから、できるだけ外に引き出そうとしたり、外界の様子を知らせるなどあれこれと心を砕いている様子がよく分かる。また、ここでは、神楽・獅子舞などの門付けなどが、庶民の生活の中に深く入り込んでいたことがわかる。

若くして夫に死別したたよ

信濃　天明七(一七八七)年　四十六　松平丹波守領分　安曇郡塩嶋新田村

二十一歳という若さで夫に死別したたよは、姑をはじめ親類縁者たちから父母の家に戻り再婚するように勧められた。しかし、彼女は、残された幼い子どもたちの成長をみたいということと、姑の養育にも心を尽くしたいこととを理由にしてそれには従わなかった。夫が死去したことでそれまでの家業を断絶させてしまうことは家のために許されないことであるし、一家の暮らしも立ち行かなくなってしまうといって、たよは一念発起、男女の奉公人を置き、自分も男勝りに耕作に励み、さらに子どもの織右衛門の教育にも力を注いだ。

織右衛門はまめやかに成長して田畑の業にも精通していった。たよは、二人の娘をしかるべきかたへ嫁らせ、そして、織右衛門に妻を迎えて姑をも安心させた。

姑は多病ものであったので、たよは、彼女の食物にはとくに気をつかった。姑が茶を好むからといっては常によい茶を備えて置くことを忘れなかったし、珍しいものがあれば勧め、朝夕の食事には姑より先に箸《はし》をとることはなかった。また、姑の衣服にも気をつけ、年ごとにたよが織っては姑に着せ、夜は夜で彼女の側を離れることなく懇ろに扱った。姑は四年前ごろから中風を患い、歩行不能となってしまったので、二便のとりおさめ、腰膝のなでさすり、冬の夜には肌で暖め、夏には団扇《うちわ》であおぐこと、薬を煎じることなどすべて人の手を借りることなく、夫の死後引き続き二十五年のあいだ姑に孝養を尽くした。このように、姑の世話、子どもたちの養育、農作業などにもよく手が行き届き、家を治めることにも手落ちはなかった。

老病人を抱えて農作業に励む後家なを

常陸　安永七(一七七八)年　四十　水戸殿領分　久慈郡稲木村

夫の死後に、老いて「目しゐ」となった舅・盲目の叔父・多くの稚子が残され、家族七人の暮らしが、なをの手に委ねられることとなった。彼女は、女の身で甲斐甲斐《かいがい》しく彼らを養いながら、一石八斗余りの田畑を昼夜となく耕作し、草を取るなどして農業にも励んだ。とくに、舅・叔父の扱いには心をかけ、寒い夜には焚き火をして衣服を暖め、老いの身ゆえ手足が冷えることが多いので、それをなをの肌で暖めてやったり、食物にも心を配って懇ろに介抱した。

人びとは、その様子を知って、なをに婿をとるように勧めるが、彼女は、このように大勢の家族がいるところへ来る人はいないだろう、たとえ、来る人がいたとしてもいい加減な人を迎えるならば、かえってみんなを混乱させるので宜しくないといって従わなかった。

大勢の家族を女の身ひとつで懇ろにまめやかに養ったことが領主の耳に入り、なをに褒美として銭が与えられた。

この二つの事例は、いずれも夫の死後再婚することなく、残された家族の養育に力をつくし、農作業に励み、家業を再興したり維持継続させることに力を注いだこと、姑舅によく仕え懇ろに介護したことなどによって「孝行者」として表彰されたものである。これと同じような事例が、地域によっては「貞節者」として表彰される場合もある。女性の場合、「孝と貞と軽重なし」と凡例にも記されているように、「孝行」と「貞節」との間には明確な区別がつけがたいものが多い。

病人を抱えた町人の娘つる

出羽　宝暦六(一七五六)年　三十三　酒井左衛門尉領分　飽海郡酒田四ノ町

つるが二十歳になったころから父小右衛門は、眼を病み医療の甲斐もなくついに「目しゐ」となってしまった。途中失明の不自由さは大変なもので、つるは、母とともに朝夕心を尽くして父を懇ろにいたわった。二人はいつも小右衛門を敬い貴人をもてなすように大事に扱い、仏寺に詣でる時には手をひき連れ行き、厠《かわや》へも母娘ともに代わる代わる伴い行きてはたすけた。また、珍しい話などをしては絶えず父の心を慰めるのであった。

つるは、家族を養育するために豆を擂《す》り豆腐をつくって、それを売って生計を立てていたが、売れない日には風雨にかかわらず夜遅くまで売り歩かなければならなかった。

つるには、兄がいたが、その兄小太郎は生まれつき多病者で一人立ちはできそうになかった。そこで、親類のものたちが相談した結果、兄には髪を下ろさせ、つるに婿をとって家を継がせてはどうかということになった。しかし、それに対してつるは、このように家が貧しいのでは、婿に来るものがあるとは思えない、もし、来るものがあったとしてもよからぬ人が来たならば父母への扱いもままならない、跡を継ぐのは、姉婿の所に子どもが大勢いるのでそのうちの一人を貰って継がせればよいといって婿取りの話を拒み続けた。

その後もつるは、一人の力で家族を養い、割り当てられた町の出銭も滞ることなく納めた。周囲のものは、その生活の様子の貧しさを憐れんで彼らにものを与えようとしたけれども、つるは、堅く辞して受けることはなかった。

父の病は加わり、母も父に次いで眼を患いやがて光を失った。それだけではなく、兄の病もさらに高じてしまい、外に走り出ては声高く叫んだりすることもしばしばで周囲の人も浅ましいと思うことがたびたびであったという。みんなは、檻《おり》を作って彼を籠居《ろうきょ》させるようにとつるに告げたけれども、つるは、兄の病で近隣の人に迷惑をかけることは申し訳なく恥ずかしいけれども、檻に押し込めることは冥罰《みょうばつ》も恐ろしい、母とともに心静かになだめれば快気するのではないか、神に祈り仏に頼みをかけるから兄の行為を宥《ゆる》して欲しいといった。その後、母は七十九歳で、兄は六十一歳で亡くなった。つるは、父が死にいたるまで、さらには、病のうちから今わの際まで母と兄との介抱に怠りなかったということで、領主から宝暦六年、同九年の二度にわたって褒美が与えられた。

一家の柱が働けなくなると、直ちに行き詰まってしまう小経営の実態が示されている。ここでは、病人を抱えた女性が、一人で家族をやしなっている様子が語られる。誰の目にもその困窮の有様が歴然としていたにもかかわらず、周囲からの「救済」申し出をはねのけていること、困窮の家にもかかわらず跡継ぎのことが取り沙汰されていること、心の病を抱えているものの苦労、それを封じ込めることに対する周囲のものと身内のものとの観念のちがい、心の病をもつものを放逐する手段として「髪を下ろす」ことが通念としてあったこと、などこの事例の中から多面的なことを読みとることができる。そして、そうした人生を闘い抜いているつるの気概が感じられもする。

取り立てて受け継ぐべき家業がないにもかかわらず、家を継がなければならないということが、ごく一般的な通念としてあったことを知ることができる。だから、家を絶やさないために、跡を継げない兄に代わって、つるに婿を迎えることが提案されたが、結局は、姉の子どもの一人を貰って跡を継がせればよいとつるは主張した。このつるの主張を含めて、当時にあっては、なんとしてでも自家を「絶家」に至らしめないようにするのが庶民のねがいであり任務でもあった。

十八世紀初期の江戸でのこと、幕府は豆腐屋に向けて以下のように触れた。穀類の値段が高くなったのに伴って豆腐の値段が上がった、やがて穀類、中でも大豆の値段が下がったのにもかかわらず、豆腐の値段はいっこうに下がらず、人びとの生活を直撃している、豆腐屋に尋ねたところ、豆腐を作るときに用いる「苦塩油糟」などの高値を口実にして値下げしようとしないという、そんな豆腐屋の言い分は認められない、大豆値段が下がったのであるから、至急、豆腐値段も下げるようにと（『徳川禁令考』三三三五、宝永三年）。

十八世紀も半ばごろになると、つるの事例のように女手一つでなんとか一家を支えるための生業としての「豆腐」商いをしたというケースが各地でみられる。このことは、右の幕府の触れの延長線で考えてみる必要があるようだ。「豆腐」商いがそれなりに成り立つには、庶民の日々の食生活の中に豆腐が広く浸透していたこと、それに伴う需要があったことなどが背景にあったにちがいない。

また、ここでとくに注目しておいてよいことは、とかく「障害」、とくに「心の病」などは、隠しておく傾向が強い中にあって、「病人」を「籠居」することは「冥罰」に当たるという観念があったということである。あらためて、当時の人の病気に対する考えのあり方を知ることができる。すなわち、「病気」は淘汰されるべきものではなく、身心と不可分に結びついたものであり、したがって、それは鎮められ、宥《なだ》められるべきものであると観念されていたのである。

昔も今も、人びとの生活と「病」とは切ってもきれない関係にある。一八五〇年に作成された『新撰病双紙』には、多様な病に悩まされている人びとの姿が如実に描かれている。近代の医学においては「病」とは除去され征服されるべきものだと考えられているのに対し、江戸時代においては、共生されるべきものだという考えが根底にあったといってよいだろう。また、「病」に対して薬種の投与や医師による治療の施しがなされるのと並んで、医療信仰が盛んに行われていた。人びとの中に広範に浸透していた多様な「信仰」は、単なる信仰ではなく「医療」そのものでもあった。

ちょっと寄り道して医師の周辺をのぞいてみよう。

庶民を対象にした医師に仕えた下部《しもべ》の姿を、「忠義者」として表彰された者たちの中からみてみたい。

手稼ぎで主家を救ったあき

越後　寛延三（一七五〇）年　四十七　松平肥後守領分　魚沼郡小千谷村

あきは、医者山崎東伯の下女であった。はじめ、東伯の義父半弥に仕えていたが、十三年前に、半弥は妻と二人の娘を残して亡くなってしまった。医業に精通した年頃の男子がいれば残された娘に婿を迎えて跡継ぎにしたいとあちらこちらを探し尋ねたけれど、適当な者がいなかった。残された主人の妻子三人では生活もできなかったので、あきは、「縮苧」というものを績《う》み、その賃銭を得て彼ら三人を養った。

三年が過ぎたとき、蒲原郡村山というところから東伯をむかえて姉娘に娶《めと》らせて、半弥の名跡を継がせた。しかし、そのころ周囲にあまり病家もなかったので貧窮の度は日々に加わっていき、さらに一、二年この方、東伯夫婦が痿弱《いじゃく》の病になってしまい、家の中を歩むのも儘《まま》ならなくなってしまった。そのために、老母・稚子二人・夫婦・妹娘の六人の衣食をまかなう者もなく、一家の飢寒は目にみえていたのを、あきの手稼ぎでなんとかかわすことができた。それでもどうにもならないこともあり、時には、あきは、人に隠れて遠方にいって袖乞などをすることもあった。

そのような有様であったので、里人たちも彼らの困窮の様子を聞き伝え、今年（寛延三年）の五月、力を合わせて金一歩と銭三貫文余りをあきに贈った。それのみならず、去年の暮れにも村の役人たちが語り合ってあきに米一俵を与えたけれども、彼女は、それを自分のものとすることなくみな東伯に渡した。このようなあきの忠節が認められ、あきは、領主から米が与えられ「忠義者」として表彰された。

主人の薬箱を背負う清助

陸奥　宝暦十三（一七六三）年　六十六　松平肥後守領分　若松城下道場小路町

清助は、耶麻郡西連村の百姓で、若松城下の町医者服部友謙の下男であった。人となりはまめやかで主人のために身命をなげうって忠義を尽くした。彼は、友謙のただ一人の下部《しもべ》であったので主人の療治行為を支えるために、常に主人と行動をともにし、町田舎の別なく薬箱を背負って走り回った。夜遅く帰ってもそのまま休むことなく、水を汲んだり薪を割ったりして、翌日の食事の準備なども怠ることはなかった。年とった身であるので疲れているだろうから早く休むようにと主人もすすめたが、清助は、いつも夜半過ぎまで働き続けた。急な病人があるときは夜更けても二度三度も病家へいくこともあるのに、薬箱を負って主人に従い行くのを厭う様子もなく、家に帰れば、やりかけた仕事を続けるのであった。また日ごろから藁《わら》を買い求めておき、暇ある時には履き物を作り家のうちの者に履かせたりもした。

朝は未明に起き、食事の用意をする、薬園の手入れ、夕べには、また飯の準備をする、主人が薬の調合をしているときには家の周囲の掃除をする、外への使い、来訪者の応対、病気の所用などなど残るところなくよく弁《わきま》え、よく仕えた。

多少病気がちになっても、寝込むほどでない限りは自分の勤めを欠くことはなかった。風雨の時には、何度となく起きては見回り、家の破損箇所があれば自ら取り繕ったりするなどして、とくに人を煩わせることもなかった。

故郷には親一人と妻子があったが、貧しいので子供は奉公に出し、親が病に臥したときには妻が世話をしていた。清助の主人は、清助が遠く離れた実家の事を気遣っているのを知って暇をとらせようとしたが、清助は「たゝ一人あるそれかしを出し給ハヽ、所用もなりかたく、又一人の事により多くの病家の用をかゝんも便なし」と言ってそのまま勤め続けた。

清助の親の病が重くなった時、清助は主人の用事が終わってから親の元に駆けつけ病状を見て、彼なりに療治の方法を妻子に語り聞かせた。妻子はいうとおりにしたけれども叶わず、親はついに亡くなってしまった。

春秋には、「洗濯の暇」といって召し使いや奉公人を家に帰す習わしがあったけれども、清助は、自分一人しかいない主家のことを思い、その下部が家に帰ってしまうならば、病家のためによくないといって暇をとることはなかった。清助は自分の衣服が破れたり汚れたりしたときには、それを使いの者にもたせて故郷に遣わすと、妻もよく心得ていて、直ちにその処理をしてくれた。このような清助のつとめぶりを主人がお上に訴えたので、褒美として清助に米が与えられた。

医師に仕えた下部の様子を記したこれらの事例から、当時の医者の生活の一端を垣間みることができる。あきの事例からは医師の家業継承が困難であること、また、家業として成り立つには一定の病家の存在が必要であることなどがあらためて確認される。また、清助の事例からは、医師が病家を往診することが多いが、時には、医者の家を病人が訪うこともあること、ちょっとした薬草を栽培する薬園を備えていたこと、医者が薬の調合をしていること、医者は往診するときには、薬箱を背負うような補助者を随伴していたこと、などである。また、ここで興味ぶかいのは、下部清助が、長年主人の元に仕えているうちに、病用を学び、実家の親に対して、自らが療治を指示していることである。もっともこれは失敗に帰してしまったけれども。

また、一般に奉公人には、いわゆる「洗濯日」というものがあった。これは、「藪入《やぶい》り」ともいわれるもので、奉公人が宿下がりをすることである。地域や時代によってその具体相は異なっているが、大方は、九月下旬から十月にかけて十二日から二週間ほど休暇が与えられて実家に帰る慣習があった。ここでは、清助は、その休暇を取ることを返上していることが、また、よく主人に仕えたことであるとして表彰の対象にもなっている。

この、休暇の取り方について、男女の間に違いがあった。男の場合には、一年の休暇をまとめて取ることが多かったが、女の場合には、まとめて取ることはあまりなく、二、三日ずつ小刻みに取ることが多かった。その違いは、奉公内容と密接に関係していた。男は、農繁期を終え、文字どおり身心の洗濯に休暇が宛てられたけれども、女は、毎日の食生活に関わる仕事が多く、それ故に、あまり長期にわたる休暇は主家の日常生活に直接影響をもたらすものであったのだろう、長期にわたる取られ方をしないのが一般である。

模範的医師慶安　豊後　安永八(一七七九)年　四十三　中川修理大夫領分　大野郡漆生村

慶安は、医者としての志が深く、村内に謝礼を払えないような貧しい者が病気になったと聞くと、急いで出向いていき薬を与えては次のように言った。医者とは、人の命をあずかっているもの、人の命には貴賤の別はない、だから、謝礼のことを気にせずに心おきなく薬を服用するように、病気が治り働けるようになってから謝礼にあずかる、それまではゆっくり養生するようにといって人びとの心を安からしめた。

当時、貧しくて子どもが多くいるのに、またも妊娠の身となったのを恥ずかしく思い、薬を服用もしないで隠しているうち難産に陥るものも少なくなかった。そこで、彼は、臨月と思われる女を見れば様子を尋ね「人ひとり生るゝは国のさいはひ、めでたきことなり」といい、少しも恥ずかしいことではないと諭したりもした。そして出産があったと聞けば、急いでいって療治してやったので人びとは悦びかつ慕ったという。

表彰された医者の事例は少なくない。その多くは、「医師」としての信念にもとづいた行為をしたことによって表彰されたものである。その信念とは、命には貴賤はないので、誰でも同じように治療を受けることができるというものであった。また、ここでは、「子ども」というものに対する庶民と医師との考えを知ることができる。慶安は、広く医術を心得たものであったが、とくに、産科が専門であったようであり、とりわけ、「子どもの誕生」に目が注がれている。陸奥国での間引きの風習については後述するが（『奇特者の姿』の常松次郎右衛門）、この地方でもそれと同様の傾向があった。「子ども」が多いことを「恥」とする観念があったようである。ここではそうした庶民の観念と「医師」としての信念との違いが語られている。そして、多産を「恥」ととらえる庶民の通念は、また、彼らの経済生活と不可分に結びついたものであったということを思い起こしておかなくてはならない。

障害へのまなざし

障害者とめのねがい　陸奥　延享二(一七四五)年　三十二　松平肥後守領分　耶麻郡下利根川村

百姓与右衛門の娘とめは生まれつき「足たゝぬ」障害をもつ者であった。結婚することもなく父母のもとで暮らしていた。父が病気になったときには、とめは昼夜となくその枕元にいて薬を煎じてはすすめた。父の死後、続いて母も病を得てしまった。母の病は中風であり、片手が動かなくなり、それがためにさらに母の心はおさなびてしまった。そこで、とめは母をあたかもいとけなき子を養うように扱い、食事の時には箸をとってすすめた。しかし、母の病はしだいに重くなっていき、手足ともにままならなくなり、昼夜の寝起き、二便の用を足すのもひと通りではなく、とめ一人ではどうにもできないこともあって、隣家の子どもの加勢を頼むこともしばしばであった。

親兄弟の年忌月忌の日には、自分の食を削ってでも布施を捧げたし、障害の身でありながらも木綿の糸を引きその引賃でもって母を養い、また、村人たちとの付き合いも睦まじかった。しかし、とりたてて彼女を助けるような親族もなく、このような身で生活するのは大変であろうから「貧人養ふへき扶持米」があるので願い出ればよいと周囲の者が告げたのを聞いて、とめは、自分たちが人びとからそう思われるのももっともなことではあるけれども、恵みを受けて母を養うのは本意ではない、なんとしてでも自分の手で養いたいととめは答えた。

障害者に対する扶持米があること、それを「かたのことく」願い出ればよいのではないかという周囲のすすめ、そこには、障害に対する扶助は「当然」のものであるという観念がかなり浸透していたことを知ることができる。しかし、そうした扶助を要求することを拒み、子である自分が親を養育するのは「当然」であるという観念もまたあった。そして、後者の「当然」を優先させていることに領主は目をつけた。そして、障害の身であるから、公的扶助を受けることができるという「当然」を拒み続けているそのことに賛辞を送っているのである。ここに、幕藩権力の「障害」に対する転倒した評価をも垣間みることができる。

障害の娘への教育に心するさよ

武蔵　寛政五(一七九三)年　三十八　江戸町奉行支配所　駒込肴町

野菜の類を売ってかろうじて世を渡っていた文次の妻をさよといった。八年前に夫は亡くなっていたが、さよはきわめて篤実な人柄で姑によく仕えた。姑は二十年来目が見えず、十五歳になるさよの娘もまた「目しゐ」となってしまった。そして男子亀之助は夫に続いて三年前に失せてしまっていたので、今は姑・娘・さよの三人暮らし、さよは、樒《しきみ》や線香を売り、夜には賃縫いをして生計を立てていた。

夫の死の直後、さよは、まだ年も若いので、二人の子どもをつれて再嫁するか、または後夫を迎えれば暮らしはもっと楽になるであろうと周囲からすすめられた。しかし、さよは、どちらをとっても残された姑の心は安まらないだろうし、自分の姑に対する孝養にも欠けることがあるのではないかといっては、そのすすめを拒み続けた。

日々の衣食は何とかなるものの、さよの大きな悩みは障害をもつ娘の行く末であった。そこで、さよは、せめて娘の手に技術を覚えさせたいと針治按摩の業《わざ》を習わせるなど、娘の「自立」へ心を添えた。

久しくやもめ暮らし、わずかの営みで姑をめやすく養い孝心を尽くしていることは周囲の人びとにも知られるところとなり、町の役人から訴えあげられ、さよに銀、姑には終身老養扶持米が下賜された。

夫なき後も姑に孝養厚かったことが「孝行者」としてのさよの主たる表彰事由であるが、ここでは障害の娘の行く末を案じて、一人立ちできるように手に業をつけさせていることが注目される。全体としては、とくにこれといった突出した行為をしているというわけでもないことが、このように表彰されていることもまたそれなりの意味がある。ごく普通に、ちょっと努力しさえすれば表彰されるものであるということ、それが『孝義録』のねらいであったから。

礼儀と家族道徳

父の影を踏まない代吉

出羽　明和六(一七六九)年　三十九　上杉弾正大弼《だいひつ》領分　置賜郡西大塚村

百姓代吉は、礼儀正しく、家族親族とも睦まじく、村人の交わりも決して疎かにしないので、老いも若きもみな彼に慕いよった。また、彼は、領主を敬い貢物を重んじていた。日々の暮らしはそこそこであったが、決して奢《おご》ることなく家の者たちはこぞって質素であった。朝夕の食事の際には、親が箸《はし》をとらないうちは膳に向かうことはなかった。代吉は、出かけるときには必ず親にそのことを告げ、帰ればその日にあったことを細々と語った。また、親に先立って床にはいることもなくいつも親を慰めたり、なごやかに酒を酌み交わし興じたりした。

父が、外へ出るときには家の者たちは、手がけている仕事をなげうってでも父を見送り、帰るときにはみんなで出迎えた。代吉は、しばしば父について出かけることがあったけれども、かりそめにも父の影を踏んだり、先に立って歩くことはなかった。かつて、父に従って亀岡の文殊に詣でようと出立したところ、途中で、父が代吉に向かって先に立っていくようにと言ったのに対して、代吉はおそれ多いといって父に道を譲った。側でその様子を見ていた村の者たちが笑ったけれども、父子はものともしないでなお道を譲り合って時を費やした。

「卑賤の身」でありながら、父子の礼をきちんと守っていること、また、召し使うものたちにも情け深く、すべての行いが正しいということで代吉は賞された。明和六年、代吉には米が与えられ、また、公儀に対しては、きちんとその掟を守りかつ和順であるということで、父の平太をはじめ家内十一人のものへも銀が与えられ表彰された。

父へ対する礼儀を中心に好ましい家族道徳のあり方が描かれている。一家は、父親を絶対視し、「卑賤の身」でありながら、「父子の礼」をきちんと守っていること、それは決して難しいことなのではなく、誰にでもできることであり、そのような代吉の振る舞いは、みんなの手本となるものであった。そして、このような礼儀は、領主へのそれにも通じるものであった。現に、家族道徳をきちんと守っている代吉はじめ一家の者たちは公儀に対しても従順であったとしている。

ところで、注目されるのが、参詣途中での代吉父子の道の譲り合いをみて、村人が笑ったとしていることである。そのことは、こうしたかたちでの道徳や礼儀のあり方と庶民の生活感覚との間にはかなり距離があるものであったともいえる。

父の健康を気遣う伝次郎と妻

肥後　安永三（一七七四）年　五十三・五十　細川越中守領分　阿蘇郡小国郷下城村

年老いた父母は家を伝次郎らに譲って自分たちは別屋に住んでいた。父母ともに茶を好み酒を嗜《たしな》んでいたので、伝次郎ら夫婦は、朝早くから起きては茶を煎じ、軟らかなものを調えすすめ、外出すれば必ず酒を求めて帰るなどして、いつでも両親の望みを叶《かな》えられるよう気をつけていた。

伝次郎は父に向かって「すへて食過るハ養生の道にあらす、たゝ少しつゝ度々にくひて、その程を過し給ハす、一日も長く世におはさんこそわか願ひなれ」といって父の健康を思いやった。また、父と一緒に出かけるときには、父の影を踏まないこと、日影差すところへは用を使わさないこと、また、およそ日が出るまでも寝ていることは天道の罰に当たる恐れがあるといって、夫婦して夜明け前に起きるのを常としていた。

村から八里ほど離れたところに久住の駅があり、領主が江戸に出向く折りには、その駅の役をここの村人たちも勤めなければならなかった。伝次郎は、生まれつき頑健ではないので、重荷を負うような役割をすることはできなかったので、役負担に当たっては、人を雇わなくてはならなかった。しかし、伝次郎は、ただ賃銭を出して自分は家で安閑としているわけにはいかないといって、はるばる久住の駅に出向いて行き、自分の力でできる範囲のことは勤めるという誠意を示した。

彼の妻も、伝次郎に劣らず精勤者で、舅姑に孝を尽くし、夫を敬い、かりそめにも夫の枕の上を通り過ぎることはなかった。

ここでは、養生について父を諭していること、歩くときに、決して父の影を踏まないこと、朝起きをすること、など庶民の日常の生活規範を遵守《じゅんしゅ》していることが表彰へつながっている。

この当時においても人びとはそれなりに健康に留意していた。ここでいう「養生の道」である。江戸時代、いわゆる養生論は二つの画期をもって展開する。一つは、中国の医書の注釈がさかんに行われた十七世紀末から十八世紀初頭にかけてであった。香月牛山《かづきぎゅうざん》・貝原益軒《かいばらえきけん》らに代表されるものであって、それまでの神仙医学の域を脱し、儒教的医学論がうちたてられた。第二の画期は十八世紀後半から十九世紀にかけてである。とくに、『孝義録』の編さんが開始されはじめる寛政期ごろから、漢方とならんで西洋医学が採り入れられ、さらに新しい倫理観とも相まって養生論も大きく前進する。それらは、さらに下って、化政期の出版文化の盛行とも絡み合っていく。ここでの事例は、第一の画期の余波をうけて庶民のなかにも「養生」が云々されるようになっていたことがわかるものである。

さらにまた、ここでは、役負担に対する伝次郎の考え、同時にそれを表彰したものの考えが示されている。すなわち、安易に「役」を代替することは極力避けられるべきであり、たとい、一人前に労働力を提供できなくても、できる範囲でそれに服すのが好ましいという無言の枠組みがはめられていた。

父子の道を守った清太郎と妻ろく

出羽　明和八(一七七一)年　五十四・四十七　上杉弾正大弼領分　米沢城下免許町

商人清太郎・ろく夫婦は、明和六年ごろから病気になり日々の起臥にもすっかり不自由になってしまった父源太郎に心を尽くして仕えた。源太郎は湯にはいることを好んだので、夫婦して手を取ったりだき抱えたりして巷《ちまた》の風呂屋にともない行きては湯浴みをさせた。また冬の夜寒には父をこたつに寝かせたり、夫婦が添え寝したりして日夜看護に当たり、絶えず汚れを始末し清潔を保った。

父は七十歳をすぎ、すっかり稚子《おさなご》のようになってしまい、いろいろと我儘《わがまま》な注文が多かったけれど、彼らは、一つとして父の心に叶《かな》わないことのないようにつとめた。清太郎が、外に出るときには妻が走り出て「家土産《いえづと》な忘れ給ひそ」と告げるなど常に心を配った。ある時、父が家のうしろにある畑を耕作するといって立ち出るのに、老いの力では無理であったけれども、それを阻止することなく、夫婦が走り出てめんどうをみながら父の心のすむように気遣った。すべて、家の内外のことまで父の旨に従い、「父子の道」を違えることはなかった。

祖母と母が世にあるときも、彼らは、父にするのと同じように孝養を尽くした。母が病で臥したときにもろくが添え寝して介抱するなど心を尽くしたが、その甲斐もなく四、五年先に亡くなった。忌日はいうまでもなく、しばしば菩提寺に詣でてはその霊前に額《ぬか》ずいて世の中の珍しいことを告げた。母は、常日ごろ雷をおそれていたので、雷が鳴る日には、彼らは、その墓のほとりに出かけて行き、雨にうたれながらも母の墓を守り続けた。また彼らは、親族との交わりをはじめ、家に出入りするものとの交わりも睦まじかったという。

夫婦して親に孝行を尽くしたのであり、その様子は、ここに記されているとおりである。注意されるのは、これらの行為が、領主の目に「父子の道」に悖《もと》ることはなかったと認定されていることである。「父子の道」とはまことにこのようなものであった。ここではその礼儀が単に父にだけではなく祖母や母に対しても行われていた。これらを含めて彼ら夫婦の行為は、親に対する子の「孝行」であると同時に、年長者・祖先への尊敬にも通じるものであり、それは、庶民の生活倫理の手本とされるべきものであった。

もののふの親に仕えるように父母に仕える正助

筑前　享保二(一七一七)年　四十六　松平筑前守領分　宗像郡武丸村

父正三郎は貧しく、田畑宅地もなく人の家を借りてわずかの商いをして暮らしていた。正三郎には子どもが二人あり、兄はこの正助、妹は同じ村に住む紺屋仁右衛門の妻となっていた。正助は、人のもとに仕え、その働きで父を養っていた。母も人に使われる身であったが、夫が病に臥したときには奉公先から暇をもらい、家に戻っては正助とともに夫の介抱にあたっていた。二十歳すぎるころ正助は、母もろともに奉公を辞めて、田畑二反ばかりを求めてそれを耕作して生活することとなった。

それからというものは、正助は家にいて、父の介抱、母への孝養を怠ることはなかった。その様は、起臥から食事のこと、神仏を拝むことにいたるまでのすべてにわたるものであった。親に対するに、実際の手助けについては言うまでもないが、気配りにもひとかたならないものがあった。元来、正助は漬け物のような堅いものを好み、よく口にしていたけれども、父母の前では決して食べなかった。周りのものがどうしてなのかと問うと「親老て歯すてによはし、我こはき物をくらふを見ハ、うら山しからんとてかくハなせり」といったという。

「すへて小百姓ハ親に言葉かハすも無礼にして、こと疎略なるもの」で、それをあえてとがめる者もいないけれども、正助は、父母を呼ぶのに「うるはしく」「様」をつけて呼ばないことはなかった。また、日ごろの彼の作法は「もののふの親につかふるかことく」であったという。外出から帰るときも、家の外から腰をかがめて家に入るなど、いつも親を立てるのであった。人が彼にその心を問うと「かく賤しき者の親なれハ、われより外に腰をかゝむる者あらし」とこたえた。

父は、六十歳で中風になってしまったが、正助は、心を尽くして介抱した。耕作に暇ない身でありながら、朝夕の食事をはじめ歩行困難な父を常に気遣っていた。ある時、正助が妹の元へ来て涙を流すので、妹がその訳を問うと、今日、父を背負ったところ、いつもより簡単に背負えてしまった、これは、父の身体が衰えて軽くなってしまったのではないかと思うと哀れに思えるというのであった。妹もまた兄の行いに倣って孝行の心まめやかで常に父母を慰めた。

正助は、二親を愛し敬うのみならず、その他の彼の行いは、とても人の及ぶところではなかった。公を敬い人を憐れみ、正直にしてつゆばかりも偽りを言わず、吉凶を聞くとあたかも自分のことのように思い、身を厭わずに絶えず人のために尽くすのであった。また、村内の長たる者へはいうまでもないこと、道で行き会う人ごとに必ず立ち止まって腰をかがめて厳かに振る舞い、「非人乞食」などに行き会うときでも彼らを決して蔑《ないがし》ろにすることはなかった。はじめのうち、人びとは彼のそうしたやり方を愚かなことであると非難したけれども、やがて、みんなも彼の行為に感化されて一村の風俗がよくなったという。

壮年のころ、正助は妻を迎えたが、その妻は、女の浅ましさから、夫正助の尋常とは思えない行為を人びとがあざ笑うのを忌み嫌って、離縁することを願った。正助は、家が貧しく、両親への養いにも事欠くありさまであったので、致し方なくその願いを聞き入れ妻の調度を自ら背負い、妻を舅の家に伴って行き縁を絶った。

その後、母が、また正助に妻を迎えるようにすすめたけれども「父母の老衰へて余年すくなけれハ、後なきを不孝とすとハいへと、妻あらハまた子あらん、父母妻子をやしなハ、稼穡《かしょく》にいとまなく、をのつから不孝になりゆかんもをそろし」といって、二度と妻を迎えることはなかった。

父は正徳元年に亡くなったが、正助は、十八年のあいだ父の介抱に心を尽くしたのみならず、死後の弔いをも細やかに営んだ。父の死後は、母に仕えることいよいよ厚く、耕作と諸役のために外に出る以外は明け暮れ母の側にいて母を育んだ。

毎日のように父の墓前に出かけては、見聞したことを、あたかも父が生きているかのように語り聞かせたし、あちこちから、母にといって貰う菓子や果物などは、半分を父のために分けておいて、まず母に勧めた後に父の墓前に持参して供えた。

このような正助の行いは、早くからみなの知るところとなり、宝永七（一七一〇）年、国の郡奉行から米と田地一反七畝とが与えられた。そのことを村人がこぞって祝ったのに、自分はこのような恵みを賜る理由はない、これはみな父がいるからこそであり、それ故に、この賜り物は父に下された物であるといって常に父をたてたのであった。

享保二年、巡検使がこの国を廻り、赤間関（現在の下関）に止宿したとき、以前から耳にしている「孝子正助」を呼んで、酒を飲ませ菓子を与え、また母に与えるようにと銭を取らせた。さらに続いて、正助の行いを詳しく調べるようにとの領主の沙汰により、役人が正助を福岡の城下に呼び出して質《ただ》したところ、彼の行いは人が噂する通り称られるべきものであることが確認された。そこで、正助が保有する田地三反八畝に対する年貢を免除し、かつ、母の養いの扶けにするようにと米が与えられたが、それに対して彼は「かゝる君の御恵かたしけなき事なから、百姓の身のさハ有ましき事なれハ、程につけて貢をさゝけん」とひたすらに願ったので領主もやむを得ず、しるしばかりの年貢を納めさせた。

その後、西国は広く稲虫の害に襲われ、彼の住む武丸村もその例外ではなかったけれども、正助の田地には虫が付かず、そこだけは例年のような収穫を得ることができた。それは、正助の孝心が天道にかなったものであろうと聞くものはみな感じあったという。

『孝義録』に収められている正助についてのこの伝文は、享保十四年、竹田定直（号春庵、貝原益軒の門人、福岡藩の儒者）によって著された『筑前国孝子正助伝』に依拠したものである。彼の「孝子」としての善行についてはきわめて詳細に記されていて、このあともまだまだ続くが大要は右のようである。中でも強調されているのは、礼儀作法についてである。親に対して、隣人に対して、お上に対して小百姓には珍しい礼儀の持ち主であるといっている。とくに、その態様は、庶民というよりは、「もののふ」すなわち武士のような礼儀作法であったということが述べられている。周囲の人びとはそれをあざ笑ったし、妻もあまりの異常さに離縁するという有様であったというように、庶民の日常生活のありようとの間には、かなりのズレがあったようである。そのような正助を表彰している点にあらためて注目しておく必要があるのではないか。

また、この伝文中に、享保十七（一七三二）年、西国を襲った凶作、すなわち蝗害《こうがい》（ウンカやイナゴなどによる農作物の被害）について触れられている。正助の田畑だけには蝗害がなかったのは、彼の善行によるものであり、それは、まさしく「天道」に叶うものであったという記事の中に「勧懲」が潜められた。

「士」も及ばぬ伝蔵の礼儀

豊後　天明六（一七八六）・寛政三（一七九一）年　五十　木下主斗頭領分　速見郡藤原村

持高一斗四升八合の百姓伝蔵はきわめて貧しく、幼いときから人に仕えていたが、弟の藤九郎が成長したので、二人で相談して、自分は江戸詰めの中間となり、弟も領主の家人のもとに勤めて江戸に赴き、その二人の給米で、両親の養育をすることにした。やがて、父母は年ごとに老い衰えていったので、兄弟ともに江戸より戻り日雇い稼ぎをしたり、日割奉公といって、一月のうち二十日は主人のもとに仕え、残る十日は自分の家でできる仕事をして暮らすこととなった。

両親への孝養の尽くしかたのおおよそは、多くの孝行者と大差ないものであった。朝夕の食事の世話、寒暑の夜の過ごし方、厠《かわや》へ行くときの世話、父母が他出するときには、兄弟のどちらかが家にいて帰りの準備をしておくことなど、心細やかな気配りをした。

伝蔵が、まだ江戸へ出向く前の奉公をしていたとき、母が痢病に罹ったが、彼は一里ばかりの道を、深夜、毎日のように奉公先から家に通っては介抱した。天明五年七月に母はついに亡くなってしまったが、貧しいながらも、葬式をもきちんと営んだ。辺り近い人びとは「常ハもとより病中の扱ひまて礼義をミたさす仕へし事、士《もののふ》も及ふまし」といって伝蔵の行いを称えた。

ある夜、父が「世中にては火燵《こたつ》といふ物ありて、今宵のやうに寒き夜ハ足をいれて温むれは、寝心もよしときく、貧しき身のかなしさはさる事もかなはぬ」と嘆いた。伝蔵は、その時まだ「火燵」というものを見たこともなかったし、手近にそれを調えることもできず、父の足を懐に入れて温めてやることぐらいしかできなかった。それでも父はそうすることで心地よげに寝入ったという。

また、父にはやわらかい物をといって、常に饂飩《うどん》ようの物をすすめ、自分は麦焦かしのようなものを食べて過ごしたので、庄屋をはじめ村の人びとは、何か珍しい物があると「伝蔵が親に初穂なり」といって贈ったという。このような伝蔵に対して、天明六年十月、領主より米が与えられ、その後また、寛政三年三月、父の生涯にわたり、毎年米が与えられることとなった。伝蔵の行いや礼儀はことのほか勝れていて、その様は、武士も及ばないものであったという。また、このように述べていることの行間に、庶民もさることながら、士風の廃れをも何とかしなければならないという権力側の思いをも読みとることができる。いずれにせよ、庶民が、そうした「士も及ふまし」き行動をとっていることは好ましく、それは、十分に表彰されるに値するものであった。

母を楽しませる孫次郎　肥後　寛文六（一六六六）年　年齢不詳　細川越中守領分　山鹿郡湯町

早くに父を失った孫次郎は鍛冶を業としていたが、それは拙いものであり家も貧しかったために五十歳に手が届くほどになっても妻を迎えることはできなかった。しかし、孫次郎は男手一つで母への養育を怠ることなく、自分は破れた着物を着ていても、母の衣食を欠かすことはなかった。母は、酒を好んだので、少々の銭を得れば必ず酒を求めてすすめた。酒を売る者は、彼の生活状況を知っているので、孝心に免じて、酒の値を受け取らないと、孫次郎は「かくの如くならは人をしてわか母を養ハしむるなり、己《おのれ》か養ふにあらす」といって悦ぶどころか、かえって不満の意を示し、別の店で買い求めるという始末であった。また、近隣で集まって飲食するような機会があると、彼もそれに加わるけれども、何かよい酒肴が出ると、それを自分では食べないで持ち帰って母に与えた。

母が好きな温泉に行く時や、仏寺に詣でるときには、八十歳という高齢で歩行が困難であるため、常に孫次郎が抱き負うて行った。そうした孫次郎の心配りに対して、母が「汝《なんじ》か年、すてに若くもあらねは我につかふる事くるしからん」というと、孫次郎は「ワか身もとより健《すこやか》にして力も人にまさり、且《かつ》道ゆく事を好ミぬれは、かく母とゝもにゆく事楽てもあまりあり、常に貴人の出給ふを見るに馬車にめされぬはなし、家貧しくて二つのものに乏し、幸に一人の男子をもち給ひてつよき事馬にもまされり」といって背を差し向けて母を背負い、「此《この》馬の進退、たゝ母の心のことくなり」といって、あるいは走り、あるいは止まり足を踏み、首を打ち振ってさながら馬のように振る舞った。その様子を道端で見る者は、はじめのうちは訝《いぶか》しく思い、やがて笑い、終《つい》には感じ入って彼の志を憐れまない者はなかった。

母が病いに罹り床についてしまった後も力の限りを尽くして介抱したが、その甲斐もなく母は亡くなってしまった。彼は、葬儀が終わってもなかなか家に帰らず、家に帰ってもなお日夜泣き悲しんだことであった。よいことがある日には、まず墓に詣でてそのことを告げ、たとい酒食に飽きても、母なくしては何をか楽しまんといって嘆き続けるほどに母思いの息子であった。

孫次郎は、母を「貴人」に見立てて敬意を示した。「貴人」の様子を知る庶民が、せめて母に、その真似事をしてでも慰め悦ばせようという健気《けなげ》な心が示されている。

「貴人」がするように振る舞った孫次郎の「奇妙」な行為が、初め・やがて・終わりの三段階で、人びとを説得させていくという事の運びが描かれているが、ここに、表彰者の意図が潜《ひそ》められているようにも思われる。「貴人」がやっているようなことはよいという貴種観念が、社会の上から下まで貫かれていた。それを庶民が真似ることは、一見すると笑いの対象になるようであるけれども、継続させることによって日々の生活の中に定着していくものである、人びとの精神涵養は、このようにしてはかられていくものであった。

心やさしい市蔵夫婦　讃岐　天明三(一七八三)年　三十七　松平讃岐守領分　大内郡中筋村

七十歳の父長九郎には独身で六十歳の弟権次郎がいた。兄弟は仲良く、人となりも正直で柔和な性質であった。長九郎には男子二人、女子一人があり、市蔵は、その長子であった。彼は、父と叔父とによく仕え、礼儀正しく、父に向かってものをいうときには、必ず手をついて敬ったので、弟妹たちもそれを見倣い、行儀よく立振る舞った。そんな市蔵の振る舞いを「田舎ワたりにハめつらかなり」といって、かえってそしり笑うものもあったけれども、そんなことは心にもかけず、日々田畑の業をはじめ家の中のことに至るまで事細かに父に問い、父のいうことに背くことはなかった。彼の持高は僅か一斗二升ばかりだったので、人の田をも請作していた。農人の習慣で、田畑の作業は一日に二度の休息をとるならいであったが、父と叔父が作業に出るときには二人の年齢のことを考慮して、一日に五度と決めて小刻みに休んだ。また、田畑の作業などに二人の老人が出かけるときには、市蔵は、早く起きて朝食を食べさせて彼らを送り出した。

五、六年前妻を迎えたが、彼女も気質が穏やかで、年を重ねた父と叔父との二人によく仕えた。また、市蔵夫婦は貧しいながらも慈悲深かった。村内に隠休という道心者がいた。彼は、はじめは城下で軽い奉公をしていたがやがて落ちぶれ、そのうえ湿瘡《しっそう》（疥癬《かいせん》）を煩い手足も動かし難くなり、托鉢に出ることもできなくなってしまった。致し方なく、彼は山の麓に庵を結び独臥していたが、悪い病ゆえ訪れる者もなかった。たまさかに隠休に食をあたえる者がいても、投げ入れるようにして去ってしまうので、火もなく湯も沸かしかね凍えていたのを、市蔵夫婦が深く憐れみ、朝夕代わる代わる薪を携え出向いては茶を入れて飲ませ、二便の処理にいたるまで世話をしてやった。市蔵たちも貧しく日々の食事にも事欠く状況だったけれども、何とか村人たちの協力を得ながら隠休に衣食をあたえ続け、折々には洗濯などもして世話をしていた。一年ばかりが過ぎるころ、隠休の親族の者がこの様子を伝え聞き、市蔵の志に恥じ入って自分たちの家に隠休を引き取っていったという。

また、同じころ、八内というきわめて貧しい者が村内にいた。八内は、母と夫婦に四人の子ども、合わせて七人暮らしであったが、さらに、妻の父が老い衰え病気がちになり、彼をも引き取って養わなくてはならなくなった。八内一人の力ではどうにもならず、すでに飢渇は目前に迫っていた。これを知った市蔵は、村人たちの家々を頼んでまわり、少しずつ力を合わせて何とか助けることができた。しかし、その後、さらに八内に子どもが産まれたが、市蔵は自分の衣もないので、一人ではどうすることもできず、また人に頼んで古い衣を調達してあたえたという。赤の他人であるにもかかわらず、困っている人びとに対する処し方は、まるで親族に対するようであったので、人はみな彼の誠に敬服した。

礼儀正しいこと、老人への思いやりがあること、さらに、他人であれ、困っている人に対する哀れみの心が深いということが高く評価されている。そして同時に、老人・病人・困窮者などは、本来であるならば、家族・親族が面倒をみるのが当然であるという通念があり、それを乗り越えた行為を行ったことは、まことに好ましいというのであった。

以上、礼儀作法などに重点が置かれている事例を取り上げてみた。そして、その手本とされる礼儀は「士（もののふ）」「貴人」のそれであった。具体的にみれば、父の影を踏まないこと、親を呼ぶときには「様」をつけること、食事に際して親が箸《はし》を取る前には子どもは決して食さないこと、外出するときには必ず告知すること、親が外出するときには送り迎えすること、そして何よりも一家の柱である主を立てることなどである。これらのことは、決して法外なことではなかったし、支配する側から見れば、どれもが日常の生活規範として広く庶民に諭されるにふさわしい事柄であった。

だから、これらの礼儀作法をよく行ったことが「孝行者」であるとして表彰されるのであるが、このような行為をする「孝行者」は、ともすると周囲の者たちから失笑を買っているという。ということは、上から奨励され教諭されるような規範と庶民の生活感覚との間にズレがあったということである。そして、このようなズレを少しでも小さくしていこうとするのがまた『孝義録』のねらいのひとつでもあった。

絶対服従

継母の心に通じた宇平治の思い

筑後　天明四(一七八四)年　二十六　有馬中務大輔領分　三潴郡西牟田村

父平次郎一家は、かつて生活に苦しみ一家離散してしまったとき、同じ村に住む平七の家に男子がなかったので、父は、平七の娘しちの婿養子となった。そのころ十六歳であった宇平治は、父に従って平七方に入った。程なく異腹の弟と妹が生まれ、やがて平七は世を去った。父平次郎はわずかの田を耕作し、時には日雇いに出かけるなどして貧しく暮らす有様だったので、宇平治は早くから奉公に出てその給金で父をはじめ一家のものを扶《たす》けた。

しかし、宇平治は継母との折り合いが良くなく、そのために、ついに父から家を追い出されてしまう。その後、父も年老い、一家のすぎわいはますます厳しくなっていった。継母の親族が折にふれては宇平治がいなくなったあとの家を訪ねては二親の安否を問うと、彼らは、宇平治を追い出してからは誰も力になる者もいないので生活も大変であるということであったという。やがて宇平治に対する継母の心も和らいだので、宇平治はたびたび父母の許を訪れるようになった。

その後、父母たちが弟妹を連れて巡礼に出たいということを言い出した。宇平治は、両親が幼い子どもたちをつれて出かけることに賛成をしなかったけれども、彼らの思いが堅かったので銭を与えて彼らを送りだした。天明元年三月の初めのことであった。以来、彼らの帰りを待ったが、翌年の七月ごろ、出ていったときのままのなり姿で帰ってきた。宇平治は、とりあえず自分の着物を両親に、古い衣服を取り出して二人の子どもに着せ、日用の銭を与えて世話をするなど温かく迎えてやった。

継母も、今ではその志に感じて、宇平治のことを「又なき孝行もの」と親しい者たちに語ったという。その後は、宇平治が主人の仕事で忙しく二、三日も継母の所へ顔を出さないと、首を長くして彼を待ちわびるようになった。

やがて、父が病に臥したとき、近くの医者に治療して貰ったが、その効果がなかったので、ほかの医者を頼んで治療をしてもらった。それがよかったのであろう、八月には癒えた。万事、このように、宇平治は二親のことには心を尽くした。ある時、継母は宇平治に向かって次のようにいった。

汝十六歳にしてはしめて人につかへ、すてに十五年の奉公に身をくるしむるのミならす、年ことの給金をもてワれワれをやしなひはこくむ事、其《その》艱難いふもさらなり、はや平太郎(宇平治の義弟)も人となりぬるうへハかれをして奉公せさせけん程に、汝は家にかへり妻をもむかへよ

しかし、宇平治はいま自分のしている「荒使子《あらしこ》」という奉公は大変な勤めであるので、弟が自分に代わることは困難であろうといって、母の提案を拒み、もと通りに奉公し続けたので、父母も大いに感じ入ったことであったという。

継母と子のあいだの齟齬《そご》から生じた宇平治の苦労、それにもかかわらず彼の徹底した継母への思いやりが、継母の心を溶かしていく様子が示されている。継母とはいえ親であることに変わりない。これは、そうした親への絶対服従の大切さを説く事例である。

継母にふりまわされた政右衛門

讃岐　天明五(一七八五)年　三十四　松平讃岐守領分　香川郡西庄村

父は、高三升六合と林一畝十五歩を持つ百姓であったが、母が早く亡くなってしまったので、後妻を迎えた。その妻、すなわち政右衛門の継母は、父との間に女子をもうけたが、政右衛門との折り合いが悪く、彼を仇《かたき》のごとくに憎むので、政右衛門は父の心をも失ってしまい、とうとう家を追い出されそうになってしまった。政右衛門はそれでも継母を恨むことなくさまざまに詫びたけれども、どうしても父母は聞き入れてくれなかった。致し方なく彼は家を出て小家を作り住み、妻を迎え子を持った。その後も折々に父の許に物を送ったりして父母の怒りを解こうとしたけれどもなかなか許してはくれなかった。

父が病に罹り困ったとき、継母は政右衛門を呼んで、汝の父なのだから朝夕の食事の手当するようにといった。政右衛門は喜んで日ごとに食事を父の許に贈った。すると、継母はさらに時を移さず昼飯をも贈るようにと迫ったので、彼はいよいよ喜んで数年間、三度の食事を贈り続けた。やがて、父一家はそれまで住んでいた家を売代《うりしろ》にして、政右衛門が住んでいる家の後ろに小家を作りそこに移り住みに来た。

政右衛門は、その後も孝養怠ることはなかったのに、継母は折に触れては怒りののしり、政右衛門の家に子どもたちが多くいるのでうるさいから出ていくようにといった。このような無理にも抗することなく、政右衛門は妻子を連れて自分の家を出た。村の者たちは、政右衛門を憐れんで彼に竹木を与えたので、彼は、それで新しい家を造ろうとした。それを継母が知って「我家古くなりにたれハ、その竹木を以て建かへん」といったのにも政右衛門は拒むことなくその心に任せ従った。村人は、政右衛門に与えた竹木なのだから、情けない継母の家の修理のために使うべきではないといったのに対し、政右衛門は、さまざまにいいつくろい「母の家たにつくりかへなは我望」であるといった。

徹底して継母に尽くしていることが孝行とされている。周囲の者たちも認める継母のかたましさを知りつつ、なすがままに追随しきっている政右衛門の行為をそれとして領主は表彰している。宇平治の事例ともあわせてみる時、継母子という関係が往往にあったこと、またそこには、これらの事例にみられるようにいろいろと問題をはらむことが多かったことがわかる。そして、このような彼らを「孝行者」として表彰することを通して、堪忍することの大切さを言外に諭すものであった。

「継母」でも親であることには変わりないのであって、子は親へ絶対服従すべきものであることを説いているのであり、このような宇平治や政右衛門を表彰することを通して、庶民の「子」の「親」に対するあり方の範を示したのである。それは、裏を返せば、「親」を絶対視しない風潮が巷《ちまた》にみられるようになり、そのことが親子関係の乱れを醸し出していたのであろう。そうした親子関係の乱れは、夫婦関係、男女関係、上下関係、主従関係の乱れに通ずるものでもあった。

また、親への絶対服従という場合、その「親」とは、父であり、母であった。双方の間には区別はなかった。そのようすを次の事例が示している。

片足に草履、片足に木履をはく藤市

肥後　享保三(一七一八)年　四十二　細川越中守領分　玉名郡荒尾郷大嶋町

漁師久兵衛の子藤市は、家が貧しかったけれども父母によく仕え、何事にもその旨に違うことはなかった。父は酒を嗜むので、毎日のように肴を求めてはすすめ、父を悦ばせることが藤市の喜びでもあった。藤市自身も酒を好んだけれども、自分はほとんど飲むことなく、たまに飲んでも決して度をこすことはなかった。

三十歳のころ、妻を迎えたが、その妻もまたよく父母に仕えた。父母はしばしば仏寺へ詣でることを望んだが、年をとり足が弱くなっているので、藤市はまず父を背負って寺に行き、父をおろすや急いで戻り、また母を背負って寺に出向いた。帰るときもまたそのようにした。仕事がら、毎日のように漁に出るのだけれども、できるだけ早く帰っては父母の心を安からしめ、家にいるときには父母の側を離れることはなかった。

ある時、藤市が外に出ようとすると、雲行きが怪しくなった。父は木履《ぼくり》（下駄、足駄など木製のはき物）をはいて行けと言い、母は草履《ぞうり》をはいて行けと言ったので、藤市はしかたなく片足に木履を、片足に草履をはいて出かけた。また、ある夜、よく寝入ってしまったとき、どうしたことか藤市の足が母の体に当たってしまった。その時、母が「我をふまは天の罰あらん」といった。朝早く家のものが起きてみると、藤市は自分の足を紐で結んで屈めていたという。

また漁に出るときには、必ず父に問うて、その日の方針を決めてから出かけるのが常であった。ある日、父の言うにまかせて磯辺で漁をしていたが、彼らの仲間は、今日の天気では沖の方がよい収穫が得られると彼に告げた。藤市は「ワれもさは思へと父の教へにそむかんことを思ふなり」といってそのままそこで漁を続けた。結果は、仲間より藤市の方が多くの獲物を得ることができた。これも、「孝」の致すところであろうという。

享保七年に母は七十四歳で亡くなり、父は同十二年に八十五歳で亡くなった。藤市は、月ごとの忌日には必ず墓に詣で、また、霊前へ米を供えることをも怠らなかった。延享五（一七四八）年三月、母の三十三回忌を弔ったとき、藤市は「われ幸になからへて此日にあひぬる事何のよろこひかこれにしかん、たとひ今死するとも、のこれるおもひなし」といったが、はたして、その月のうちになくなった。七十二歳であった。

藤市の三人の子どもたちもみんな孝心深く、とくに藤左衛門は父の行いに倣《なら》って母によく仕えた。その様子についても詳細に記されているが、ここでは省略するが、藤左衛門は、父の墓所が道の側にあるので牛馬に踏み荒らされるのを憂えて、父の二十五年忌に当たるとき、所を選んで改葬した。そして、それまでの墓所にも土を高くもって忌日ごとに香華を供えたという。

ここでの「孝行」も大方、他と類似しているけれども、親への「孝行」という場合、その「親」は、「父」であれ「母」であれ子どもにとってはともに同等であったということが示されている。両親の見解に相違があった場合、子どもとしてはどちらを選ぶのか、どちらの意見をも立てなくてはならないという親への思いが、草履と木履とを片方ずつはくということで表象されている（若狭・三郎右衛門の事例参照　二〇九ページ）。

また、母の体に足をぶつけてしまったという一件は、親を敬わなければならないのに、親に対して無礼を働いてしまった、それは罰当りであるという通念があったことを示している。そこで無礼をした足を罰するとともにその反省こめて足を縛るという行為をとったのであった。

さらに、ここでは、先祖への供養が、いっそう「孝行者」としての藤市の評価を高くしている。それは、子の藤左衛門の墓の改葬場面にもよく示されている。そして、それとの関連で強調されていることは、「孝行者」の子孫もまた「孝行者」であるということであった。

ともあれ、子にとっては、父も母も「親」であるということには変わりはなく、両親の言葉には、軽重の区別はないことが建て前としてあったといってよい。では、家の中における父と母の位地はどうであったのだろうか。

母を敬う喜左衛門

薩摩　宝永六(一七〇九)年　年齢不詳　松平豊後守領分　日置郡郡山郷小山田村

薩摩国日置郡郡山郷小山田村の喜左衛門は高を持たない百姓だった。安永の初めに、父を亡くしたが、喜左衛門は、かつて父が座っていたところの席を母の席に定め、自分はその下に座し、母に対してはいささかも不敬の体をなすことはなかった。早くに妻を娶ったことがあったが、その妻が母への奉養を疎《おろそ》かにするというので離縁してしまった。その後に、また、妻をむかえるようにすすめるものがあったが、「卑賤の身にて孝心あらん事をえらふへき事心にまかせかたし、いかにも己《おのれ》一人にて心の儘に養はん」といって、娶ることもなく、一人で昼夜にわたり母の養育に専念した。

村の蔵屋鋪《くらやしき》を村民三、四人ずつ輪番で夜の守りをする慣行があったが、喜左衛門が、その番に当たった時には、同じ番に当たった者に頼んで、一刻ずつの暇を乞うては家に帰って母の安否を気遣った。また、人に招かれることがあっても、出先で、母が一人ではわびしいだろうと思えば途中で席を立ち、酒を求め帰っては母とともに楽しむなどして決して母を放置することはなかった。

庶民の家の場合でも、家の中においては、父が一番の「権威」を持っていたということが座席の位置に示されている。父なき跡は、最高の席を母が得ているということ、家の跡を継ぐべき息子が父の跡に座るのではなく、母が付いたとしている点が注目される。このようにして母「親」を敬ったことが、「孝行」とされたのである。また村の共同作業という半ば公的なものより、母への孝養を優先させていること、つまり、「公」より「私」を優先させたとしても、それが親のためであるならば非難されることではなく、むしろ「孝行」とされる理由ともなっていることが留意される。

忠孝と和

忠と孝

「孝行者」の姿を中心にみてきたが、『孝義録』の中には多くの「忠孝者」や「忠義者」たちの姿もあった。

恩を忘れない「忠孝者」早助

陸奥　延享三（一七四六）年　二十六　松平肥後守領分　若松城下大工町

早助は、陸奥国若松城下鳥居町に住んでいた五右衛門の子であった。五右衛門は、家が貧しくて宅地を売ってしまい借家住の身となってしまった。その時には、すでに五右衛門には妻はいなかったので、八歳の子どもの早助をどこかへ遣わすか、それとも寺にでも入れて出家させようかと考えていた。それを聞いた野田与右衛門は、哀れがって早助を引き取って養育することとした。しかし、六年前、その主人与右衛門が浪人の身となってしまい大工町に借宅することになった。

与右衛門は、早助に向かって、ゆくゆくは人となして身を立てさせたかったのだけれども、心ならずも自分は浪人の身となってしまった、誰かよい主人を見つけて仕えて欲しいと語った。これに対して早助は「いとけなき頃より孤にひとしき身に、かくまて厚き恵ミをうけ、今さらに見すてまいらせんやうなし、外に出ていかなる富を得るとも何かせん、此上いかはかりの苦を重ぬるとも、もろともに力尽し、こころはかりのたすけをもせまほし」といって、士分をはなれてしまった与右衛門のもとでなおそのまま奉公に励んだ。

まだ暗いうちから飯炊き水汲みをし、朝の準備ができたところで家の者を起こし、自分は外に出て人に雇われて夕べに帰るというのが早助の毎日であったが、いっこうに疲れた様子を見せることはなかった。いつも、米薪塩味噌などを求めおいて、翌日の備えに怠りなく、また暇があれば山に入って枯れ枝をとり、落葉を拾い、それを市に売りに行き、何か必要なものを調え帰った。仕事で遅く帰っても、夜なべには必ず草履一足を作り、家の者がはけるようにしておき、余分ができればそれを売り珍味や肴などを求めて主人やその子どもたちにあたえた。日《ひ》傭《よう》に出かけても、早助の働きが懇ろなので、自然と彼に仕事を頼む者が多くなり、五七日または十日も前から我先にと争って早助に仕事を頼むありさまで、お陰で早助は、一日も空しく過ごすことはなかった。また、雇われ先で、「衣ぬひ苧《お》うミ又木綿なと織て賃をとるへき事」があると、それを与右衛門の妻や娘の手業《てわざ》にさせたりもした。

父の五右衛門も年老いていったので、主人に告げて一、二日ごとに帰っては、何かと孝養を尽くした。早助のこのような忠孝を感じ入って、婿としたい、養子にしたいと言い寄る者も多く、与右衛門も彼にそれをすすめたけれども、早助は「主人をミすてゝをのか身をたつへき心なし」といって拒み続けた。

与右衛門の家の者みんなの生活は、早助一人の働きに負うところ大であったけれども、早助は、それをいささかも誇ることはなかった。主人与右衛門には男子二人、女子一人の子どもがいたが、近くの子どもたちが岡田某という者の所で学んでいるのを聞いて、早助は主人に向かって「(二人の男子に) 書をよミ手ならひし、算術武芸ほとほとにつけて、けいこし給へかし」といって、教諭方を勧めた。これに対して「かく貧しき身にハ中々物学ふ事もかたからん」と主人が答えた。そこで、彼は、主人が用意できない墨筆紙などを雇われる先々で借り求めてきて、主人の子どもたちに与えて学ばせた。二人の兄弟は、早助の志に深く感じて諸芸をよく学び、書くことと算術とは人に教えられるほどにまでなったという。

五節句盆彼岸などの休日には、かねてから行き通っている家に行き、今日は「私」の身であるから何にでも召し遣ってくれるようにといって雇われ、その賃銭で筆紙の料に宛てたり、書籍を貸してくれた人たちへの謝礼とした。

このような早助は「忠孝」者として表彰された。「忠」とは主人へ対する、「孝」とは親に対する「善行」である。早助の親五右衛門への「孝」もさることながら、小さいときに拾って育ててくれた主人与右衛門に対し徹底して尽くした「忠」がとりわけ強調されている。この事例は、多様な内容を包含しているけれども、その要点は以下の通りである。①親は子を厄介払いするときに、人に遣るか出家させる。②浪人の妻女の家計補助の内職としては織縫績などがあった。③主人に仕える早助の日傭は主人の了解を要したが、休日の働きは「私」であった。④町に住むものの夜なべ仕事、⑤主人と実父との関係、⑥男女子への教育とその内容について、ここでは「士」分の子どもの場合が語られている。とくに、男子への教育は不可欠のものとされているのに対し、女子への教えは半ば無視されているかのようである。

総じて、この事例から、武士がその身分から離れざるを得なくなった場合の生活破壊のようすと、武士と農民の身分関係のあり方を知ることができる。

主人と父の介抱に余念ないせん

陸奥　寛延元(一七四八)年　四十七　松平肥後守領分　若松城下甲賀町

五右衛門の娘せんは、若くして夫に死別して後は、再婚する気もなく独りで陸奥国若松城下甲賀町に暮らしていた。同じ城下に治郎右衛門の養父で六十歳をこえた玄心という者がいた。彼は、長年病に臥していたが、その彼を助けていた妻がなくなってしまった。そこで治郎右衛門の世話で、せんが日雇いで玄心の介抱に当たることとなった。

玄心には子どもが三人あったが、二人は行く先を決めて家を出ていたので、玄心は、末の娘に治郎右衛門を娶《めとら》せ養子とし、自分は別家して引きこもっていた。三人の子どもも婿養子治郎右衛門も交替で玄心の病を見舞ったが、それぞれに仕事が忙しく暇がなかったので、妻の死後、せんが決まるまでは下仕《したづか》えの「をのこ」を一人つけているだけであった。

せんは二十六歳の年から玄心に付き添うようになり甲斐がいしくその世話をした。食事、薬、衣服の着せ替えにはじまり、玄心が外出するときには見送り、帰ってくるときには出迎えることなどにもよく心配りをした。玄心が先祖の墓詣などして疲れた様子であれば手を取って座らせ薬をすすめ、湯を沸かして腰より下を洗い温め、臥せれば枕上にていろいろな物語をしたり、寝酒を分量を決めてすすめるなどした。今年八十五歳になる玄心に仕えること二十二年、せんは、その勤めを怠ることはなかった。

せんの父五右衛門は八十一歳、母も六十七歳になり、貧しい暮らしではあったが、せんの勤め方がよいというので主人玄心から折りにふれては贈り物があったので心強かった。しかし、去年ごろから、父の病が重くなり、介護を要するようになったけれども、父の介抱に力を注げば、主人の世話をする人がいなくなってしまうので困っていたせんの心を察した玄心が「かゝる折たにおほつかなからす、父につかへよ」といってくれたのに心を強くして、主人への仕事に一段落をつけてから夜更けに父のもとに行き、めんどうをみることにしたが、暁には必ず主人の元に帰った。おかげで、主人の用を欠かすこともなく、また父の養いをもそこそこに果すことができた。家へ行く途中に、石塚の観音があったが、行き帰りの暇ひまに父の病を祈った甲斐あって、ついに父の病はいえた。

奉公先と実家との双方の勤めを背負わなければならなかったので、せんは、自分のなりかたちなどは繕う暇はなかった。しかし、主人と父母との養育に心を尽くす毎日であったことが領主に聞こえ、せんは「忠孝者」として表彰された。

一人前の「百姓」になった倉太郎

陸奥　天明元(一七八一)年　四十三　松平肥後守領分　耶麻郡第六天村

陸奥国耶麻郡第六天村の百姓倉太郎の父を文八郎といったが、家が貧しいので、倉太郎は同郡沖村の忠右衛門のもとへ、かりそめの質券奉公に出された。彼は、生まれつき実直者であったので、その質券を書き改めて長く仕えることになった。

主人忠右衛門には親はなく、妹二人がいたけれども、彼女たちを外に嫁に出したので、費えが多かったことと人手がなくなってしまったこととで悩んでいた。そこで倉太郎は日夜力を尽くし主の心を支えた。田植え、草取り、収穫に至るまで万事怠りなく働き、奉公人の休暇である「洗濯日」が与えられても一日か二日で帰り、もっぱら主家の田畑の耕作に励んだ。

年貢米を運んでいくのにも、それを馬にだけ負わせるのではなく、倉太郎自らが自分の身にも及ぶほどのものを背負って行ったし、多くの田畑を耕作するに際しても村の者に後れをとることもなく、また、使われている者たちとの仲も睦まじく、隣人とも親しく交際していた。

倉太郎は、小さいときに母と死別し、父は病気がちで生活が苦しかったので、倉太郎の奉公の身の代をもって父を養育するのであった。そんな貧しさの中にあっても、公納を欠くことはなかった。父文八郎は六十九歳の春ごろから疝気《せんき》（下腹部の痛み）になやみ、秋に入ってからは疫癘《えきれい》（疫病《えきびょう》）を煩い苦しんだのを、倉太郎は夜な夜な通って飲食のことに心を添え、翌日の用意をしては主人のもとへ帰るという日々をくり返していた。

市の立つ日や神祭りなど賑わう日に、回りの若者たちが倉太郎を誘うけれども、彼は、自分には病気の親があり、日ごろ田畑のことも十分に手を加えることができていない、このような暇にこそ働かなくてはといって夜遅くまで働き続けた。しかし、父の病がさらに生活を押し詰めていき、毎年の公納のためには身の代のほかにさらに借銀をしなければならなくなったけれども、そのことを父には決して知らせることなく取り計らうのであった。

このように、心力を尽くして世話をしたけれども父はついに亡くなってしまった。倉太郎は、泣く泣く主人に「母には幼くてワかれ、妹は人の家によめり、外に、はらからとてもなく、父一人の頼なれは、いかにもして世にいませる程に、身うけをもし、もとの百姓の数にいらんと思ひし甲斐もなくなりぬる事よ、されと主のなさけにて夜なよなかへりミしかは、心にかゝれる事もなし、今よりしては、たのミすくなきみなしこなれハ、ひたすらに主をたのミまいらせんを」と語った。主も彼の長年の勤めを思い、親に孝行の志ひとかたならないのを感じ、身の代六両ほどあったのを破棄して、もとの百姓に立ち返らせた。

「百姓」の列に加わった倉太郎は、はじめは農具や夫食《ぶじき》（食糧）もなかったけれども、よく働いたので、いまや十三石余りの高持の身となった。主人忠右衛門もまた、実義者で、領主に対して忠実で、農事にも力を尽くし困窮の者には米金などを貸し与え、たとえ返金が滞っても責めることはなかった。彼は三十八石九斗の高持ちであるが、それほどあまりあるほどではないのに、人に憐れみを加え、村人との交わりも睦まじかった。

天明元年、領主は、褒美として倉太郎に米を取らせ、そのうえ社倉に積んで置いた籾をも加えて与え、また、彼の主人であった忠右衛門にも米を与えた。

せんも倉太郎もともに「人に仕え」ながら親の養育にも力を注いだ。ここでとくに強調されていることは、ひとたび人に仕えれば、実の親より主人が優先されるということである。幕藩権力の意図がまさにこの点の追認にあるといってよいだろう。表彰徳目としての「忠」と「孝」とは一見すると並列であるかのようではあるが、これらの事例からは、明らかに「忠」が「孝」に優先しているのがわかる。とくに、倉太郎の事例は、親への「孝」もさることながら、主人への「忠」がその上を行くものであるということがよく示されている。

さらに、倉太郎は主人のもとから一人前の「百姓」に立ち返ることができたことが語られる。このことは、倉太郎のように「忠孝」の働き、とりわけ主人に「忠」を尽くして働くこと、その努力次第では一人前の百姓になりうるという希望を、主従関係に組み込まれている奉公人たちに向けて指し示すものでもあった。

父や主人の罪の軽減を願う

惣吉の願　筑前　天明四(一七八四)年　三十一　松平筑前守領分　□□郡博多櫛田町

桶結《おけゆ》いの惣吉が三歳の時、母が亡くなり、五歳の時、父団吉が罪を犯して流人となってしまった。そのために、惣吉は伯父の惣左衛門に預けられ、幼いときから桶職人の弟子となって技術を身につけていった。しかし、伯父惣左衛門も世を去ってしまったので、惣吉は、さらに別の伯父の世右衛門に世話になることとなった。このようにして成長していった惣吉は、小さいときから彼を養育してくれた二人の伯父によく仕えた。惣吉は、父の流罪を嘆き悲しみ、なんとしても父の罪をあがない、一緒に暮らしたいとの思いで何度となく赦免願を出した。どのような咎めであったのかは明らかではないが、惣吉の父の罪は軽くはなかったようでその願いはなかなか聞き届けられなかった。

しかし、父に会いたいという一途《いちず》の思いが通じたのだろう、ある時、島に渡り父子の名乗りをすることが許された。惣吉はさっそくに島に渡り父と対面することができたけれども、眼前にみた父の有様は、惣吉にとってみるに忍びないものであった。島より戻った惣吉は、父の置かれている状況を思っては、父と苦しみをともにし、飢寒の心を同じくしたいとの思いを強くしていった。父と対面してからというもの、惣吉は、衣を重ねることをせず、うまいものを食らわず、人とみだりに交わらず、神事仏事などの賑わしい場所に足を踏み入れることのないように自らを律した。

天明元年、領主に法事があったとき、罪人を赦すという恩赦の沙汰があった。惣吉は、父がその数に入ることを願い一生懸命に神仏に祈ったが、結局、父はその選にもれた。惣吉は大変悲しんだけれども、やがて自分が流人となって父の罪の贖《あがな》いをしたいと願い続けたのが領主に聞こえたのだろう、天明四年、父の罪は許されて家に帰されることとなった。その後、惣吉は、父に心から仕えて朝夕の食事にも気を配り、すぎわいの貧しさを父に知らせることなくいよいよ孝養に励んだ。

平川彦八・伝内兄弟の望み　肥後　天明七(一七八七)年　二十六・二十　相良壱岐守領分　家来

彦八は、肥後国球麻郡久米村で高二石七斗を持つ百姓だったが、領主に仕えて足軽となった。その弟を伝内といった。兄弟がまだ幼いとき、父の次郎兵衛は、立ち退きの罪を受けて苗字を取り上げられた。彼ら兄弟が成長したころ、父が熊本の辺りにいるということを伝え聞いた。彦八・伝内の兄弟は、年老いた父が他領にいるのは心許ないだろう、何とかして父を故郷へ迎えとりたい、そのために父の罪を兄弟のどちらか一人が代わりたいと父の赦免を役所に願い出た。

父の罪は、ちょっとした心ちがいによって村から浮かれ出たものであって、大した罪でもないということで、彼ら兄弟の願は受け入れられた。そこで、兄弟は貧しい家計の中から、旅費を工面して他領に出向き、数日探し回った末、熊本の佐敷というところで父を探し当てた。しかし、彼らは父を伴いそのまま家に帰るというのではなく、直ちに役所に伴い行き父の罪の赦しを乞うた。その時、兄彦八が、自分が父の罪を代替するといったのに対して、弟は、兄は家を継いで父を養うように、自分こそが身代わりになるといい、互いに父の罪を代替することを主張しあった。

とりあえず兄弟で父を連れ帰り、家で裁決の結果を待つようにということとなり、一同は帰村した。ことの一部始終が領主に告げられたところ、領主は兄弟の孝行に感じ入り、領主とのお目見えが許されるとともに、以前のように苗字を名乗ることが認められた。領主との対面の結果は、兄弟がいかにも実直であるということで、天明七年十月、褒美が与えられ、故なくして村を出ていった父の罪は兄弟の志に免じて許された。

当時、一般に庶民は土地に縛り付けられていて、自由に移動することは認められていなかったという。もし、他出するような場合にはそれなりの理由があり、きちんとした手続きをとることが義務づけられていた。その手続きをふまないで他出したような場合、この彦八・伝内兄弟の父の例に見るように、村追放という罪が科せられた。おそらくこうして居所を追われた者たちの多くが、いわゆる無宿人となっていく場合が多かったと思われる。

この事例は、十八世紀後半の出来事である。このころともなると、世上の変貌は激しくなり、人びとの動きも活発になっていった。理由は多様であったと思われるが、無断で村外へ出ていくケースも多くなっていったであろう。そしてその措置のひとつが「村追放」であってみれば、状況は決して解決するものではなかった。村内で、または支配下で不祥事が生じた場合、それに関わるものを居所から「追放」するということは、ある意味では、「不法」を広くばらまくことになるからである。現に、その結果として、いわゆる「無宿人」が簇生《そうせい》されてしまうのである。このことは別途検討されなければならないが、少なくともそうした事態への対処のあり方の一つが、ここに見るような家族による身柄引き取りであったともいえる。

主人の赦免を乞う市兵衛　上総　宝永二(一七〇五)年　四十三　御代官支配所　市原郡姉崎村

市兵衛は、百姓次郎兵衛の下人であった。元禄八（一六九五）年、田畑を荒らす猪鹿を威《おど》そうと村で相談して、その役を惣兵衛というものに頼んだ。惣兵衛に玉のない鉄砲を持たせたつもりであったが、誤って玉が入っていたためにその玉が九左衛門というものの妻に当たって彼女を死に至らせてしまった。法に正されて、惣兵衛は死罪、市兵衛の主人次郎兵衛は、はじめ事情を問われたとき惣兵衛をかばった罪により遠島の罪にさせられたうえ、田畑ともに没収されてしまった。

市兵衛は、主人次郎兵衛が遠い島に流されたことを嘆き、十一年間、主人の罪の赦免を訴え続けた。そして、主人の留守の間、主人の父と子どもの万五郎とを養い続けた。宝永二年にいたり「我身ハいかなる罪を蒙るとも主人の罪をゆるさせ給へ」とひたすらに訴えたので、領主も哀れに思い、次郎兵衛が持ち伝えてきた田畑宅地をすべて下人の市兵衛に返した。同様に、次郎兵衛の子どもの万五郎が成人になったので、ほんらいであるならば父の罪に連座して追放にされるべき所であるが、それを免《ゆる》されるとの沙汰が下った。市兵衛は、主人が持ち伝えた田畑宅地なので自分に返されても致し方ないといい、万五郎に返すようにと再三にわたって訴えたところ、その旨が聞き届けられた。市兵衛の訴えにより、主人の持ち地であった田畑宅地合わせて五町一畝四歩は主人の子万五郎に返されることになり、そのうえで、市兵衛には別途、田宅合わせて六町歩のほかに山一町二反が下されることになった。

江戸時代、兵農分離制がとられていたために猟を生業とする者以外の鉄砲所持は原則として禁じられていた。ここで、市兵衛の主人次郎兵衛らが関わりを持つ鉄砲とは「威鉄砲《おどしでっぽう》」といわれるものであった。それは、田畑を荒らす猪鹿鳥などを退けるために領主の許可を得て村方が「拝借」するというものである。したがって、その鉄砲の扱いは厳しく、一般には名主が責任をもって借り受けた以上、他人へ貸借することはならなかった。この事例では、そうした鉄砲の扱いが疎《おろそ》かにされたことから事件が起こったものと思われ、その意味で鉄砲を扱う責任者であった市兵衛の主人次郎兵衛の罪は重かった。

また連座を中心とした当時の法規制の様子、たとえば、親の罪は成人した子どもにまで及ぶことなどを知ることができる。また、市兵衛の主人免罪のための行為が、末尾に記されたような褒美を受けているということが、ことさらに注目されなければなるまい。主人の持地がその子どもに返却され、さらにそれとは別途に市兵衛に土地が下されていることの意味があらためて問われ検討されなければならないだろう。

「忠義者」の態様

主人の子を育てる善兵衛　信濃　天明元(一七八一)年　四十三　内藤大和守領分　高遠城下本町

善兵衛は、商人六左衛門の手代であった。今では、六左衛門の父はすでに病気でなくなってしまっていたが、その父の妻も日ごろから中風を患っており、彼ら二人がまだ病床にあるときから善兵衛は彼らを手厚く扱った。その子どもの六左衛門夫婦もまた長年病臥していたが、善兵衛は彼らをも残るところなく介抱し、死後の後のことまでも懇《ねんご》ろに計らうなど、実に数十年にわたって、この家のために力の限りを尽くして仕えた。

六左衛門の子甚右衛門が、何とか家を継げる年ごろになっていうには、善兵衛のこれまでの功績を思うと、善兵衛に商いをするための費用を調達して小家でも与えなければならないのに、今、自分の身さえ維持するのがおぼつかない、しかし、塩味噌などのものは少々貯えがあるので、それを多少でも持っていくようにといって善兵衛に暇とることを告げた。善兵衛は、主人の困窮の状況を知っているので、甚右衛門のいうにまかせて、同じ城下の横町に借家して住むこととした。しかし、元手があるわけではないのできちんとした商いをすることはできなかった。

そうこうしているうちに、甚右衛門の妻が病死してしまい、続いて甚右衛門も患ってしまった。そこで、善兵衛は、ふたたび主人の家に移り住み、甚右衛門の介抱に心を尽くした。しかし、その甲斐もなく甚右衛門も亡くなってしまった。甚右衛門の葬儀に際して、善兵衛は借金をし、それに自分の今までの貯えを加え、とりあえずかたのごとくに弔いを執り行った。

その後は、残された主人甚右衛門の三人の子どもをもり立てるのに心を注いだ。垢《あか》がついた衣は、一族のものに頼んで洗い清めてもらって子どもたちに着せたり、時には善兵衛の才覚で新たに求めては着せるなどした。しかし、あれこれとやりくりしてみたものの、これといって家を継いでいくたつきも無いので、親族にはかって家財を売り払いそれまでの債務を償い、三人の子は、それぞれに親族が引き取って養育するということに決めた。そうはいっても、兄の久米吉、弟の仙次郎はある程度の分別はついていたが、三歳の女子は善兵衛を父とも母とも頼んでいるので、彼の手許から離して人のもとへ行かせるのは心許なかった。そこで、彼は、もう少し物心が付くまで、一椀のものを分け合ってでも育ててあげてみるからと強く希望して、その女子を自分のもとに迎え取って養うこととした。

その後、仙次郎は同じ城下に住む商人の養子となり、兄の久米吉は、飯田の城下に売子奉公をすることになった。今でも、久米吉は、奉公先から故郷に帰るときには必ず善兵衛の所を宿りとし、何事も気軽に言い交わすということである。また、引き取った女子は、寛政の今に至るも、善兵衛のところに居るという。

これは、三代の主人に仕えた忠義者善兵衛についての伝文である。永年勤めたにもかかわらず、いったんは暇を出されたものの、傾いていく主家をたて直すために戻り、主人なきあと、残された子どもの養育にまで力を尽くしたという事例である。「主」と「従」とのあり方の一つの典型が示されているといってよいだろう。六左衛門の父・六左衛門・その子甚右衛門の三代にわたって仕え、さらに甚右衛門の跡の処理方にまでも力を尽くし、はては、小さな子どもの養育にまで手を貸すなど、善兵衛の一生はすべて主人一家の浮沈に翻弄され続けた。まさに文字どおりの滅私奉公の生涯であった。

「下部の鏡」八蔵　越後　享保十四(一七二九)年　松平肥後守預所　魚沼郡十日町村

八蔵は、越後国魚沼郡十日町に住む渡辺森右衛門の下部《しもべ》であった。森右衛門が、四十八年前、禄をはなれ十日町に移り住んだときには、森右衛門の父宗弥夫婦・兄十郎左衛門夫婦・妹二人および下部の由兵衛・八蔵・八蔵の姥《うば》の合わせて九人暮らしであったが、今はそれぞれに出ていったり死失するなどして、森右衛門・妹一人・十郎左衛門の娘一人・八蔵の四人が残った。

主人は長い浪人生活が続いたので、今では、今日明日の暮らしもままならないようなありさまであった。そんな状態だったので、朋輩の由兵衛は早くに主人を捨て去っていたが、八蔵は主人のもとに留まって、主人らと生活をともにし、自分の労を顧みず、ただ主人森右衛門のために昼夜となく忠勤した。

八蔵は、年始節句といえども主人の仕事でなければ外出することなく、寒くても四季施《しきせ》などを要求することなく、主人が自分の衣を与えようとしても受けなかった。夜になり家の仕事が終われば、草履《ぞうり》や草鞋《わらじ》などの夜なべ仕事をして、それを近くの商人に売り代銭を得て、古い着物を調えた。また、厳しい寒さに備えて、野山へ出かけては炭薪などの準備までしたりするので、日中は暇がなく、屋根の雪下ろしは夜に行うという有様だった。

主人の使いで遠くへ行くとき、主人は「夜ふけて帰ることなかれ、さきのやとりに夜をあかして心しつかにかへるべし」と言うのに、自分が家にいないと主人が困るであろうといって、一夜も外泊することはなかった。また、行き先で菓子や果物などを貰うと、自分では食べないで包んでかえり主に勧めた。

八蔵が長い間、親兄弟に別れているので「せめて一夜たにかの地にたちこえ、親族にも対面すへし」と主人がすすめてくれたけれども、自分がいないと、主の家は一日の煙も立ち行きがたくなることを知っている八蔵は、ついに故郷へ行くことはなかった。

十郎左衛門の娘が小さいとき、ものを習わせたいといっていたけれども、その資が乏しく、灯火にする費用も絶え絶えであったので、八蔵は、彼女を近くの家に連れていき、苧《お》を績《う》むことを習わせた。その間、自分も傍らで藁《わら》細工などをして娘の習得が終わるのを待って背負って帰る日が続いた。

ある時、主人森右衛門が生計のためにといって、針治の稽古をはじめたが、八蔵は、夜な夜な自分の腹をその実験台に提供した。そのために、針口が腫れてその痛みには耐え難いこともあったが、それを厭う様をつゆ見せずに、修業がすすむことをのみ待ち望んだという。

また、主人の父や兄が亡くなったときにもその介抱に心を尽くしたことであった。とくに、兄十郎左衛門は、寒さに腹をやられ、重い症状が百日余りにも及んだけれども、八蔵は二便のたびごとに彼を抱きかかえ、夜ごとに病の身を冷やさないようにと自分の肌をもって温めてやった。病床にある十郎左衛門が八蔵の労をねぎらうと、八蔵は、自分の労はたいしたことではない、このような貧窮のために十分な世話ができないのが心残りだといって逆に十郎左衛門を慰めた。このような有様であったので、十郎左衛門は、終わりに臨んで家の内のものを臥所に呼び「ワれ世を去なは、八蔵をわれと思ひ、必をろそかにあつかふまし」と遺言して失せた。

主も彼をいとおしみ「末たのもしけなき貧家につかへ、むなしく老くちんよりハ、年若きうちいかにも身を立んことを思ひたつへし」といって、しばしば暇を取らせようとしたが、「身にあやまちなきに、いとまこふへきいはれなし」などといって自らのことを脇において、奉公を怠ることはなかった。

このようにわびしい家であったので、とくに上下の隔てもなかったし、また主人もそれを許していたけれども、八蔵は、かりそめにも「主従の礼」を乱すことはなかった。立ち居振る舞いには、未だに武士の下部としての礼儀を忘れず、近隣の人々にも疎略な振る舞いをすることはなかった。また、朝夕のもうけも儘ならないような貧しさに見かねて、周囲の人が食事を彼らにすすめることがあったけれども、主人を辱めることになるだろうといって、決してそれを受けることはなかった。

このようなことが、十日町村はいうに及ばず遠近の村々にも聞こえ、八蔵は「下部たるものの鏡」となった。このような者であったので、領主もその人柄を称美したけれども、彼は「何事も年老ぬれハこころのまゝに仕へかたし」と答えるだけで、決して自分の功を語ることはなかった。

この事例には「主従関係」の様子が詳細に語られている。しかも、それは庶民同士のものではなく、主人が武士身分の者であることにその特徴がある。早助の事例でもみられたことであるが、ここではよりはっきりと「武士」の体面というものの実態が示されている。いくら貧しくなっても、「武士の下部」としての体面があり、したがって、近隣の者たちとの応対も決して疎略にはしなかったという。下部の身であっても「士分」のそれであるという八蔵の意識のあり方に、あらためて身分制社会の枠組みの堅さが思い知らされる。

八蔵が表彰された享保年間といえば、一般に武士の気風が弛《ゆる》みはじめるころであるといわれる。そうした風潮は、当然のこととして、庶民の間にも蔓延していったことであろう。そして、また、武士社会においても庶民の間においてもいわゆる「主従関係」に弛みがみられるようになってくる。その弛みを何とかして律していかなければならないのが、この頃の動向であった。まさに、身分制の枠組みを建て直しながら同時に主従関係をも捉え直そうというものでもあったといってよいだろう。

「草子」になった庄六　大和　宝暦十三(一七六三)年　年齢不詳　松平甲斐守領分　郡山城下藺町

庄六は、大和国添上郡の庄兵衛の子で郡山の城下の町人畳屋忠兵衛の下男として、寛延元(一七四八)年より十年季奉公で仕えることとなった。やがて、主人忠兵衛が眼を病み畳を刺すことができなくなってしまった。主人には子どもたちが多くいたので家はどんどん貧しくなっていき、夏冬に着せる衣にも事欠くありさまであった。

庄六は主人のおかげで畳刺すわざを学ぶことができたその恵みを忘れ難く、ただ主人の家が傾いていくのを嘆き、暇があれば人に雇われなどして自らの稼ぎをもって主家の扶けとした。また、主家の養いのために以前に与えられた衣類なども質に入れてしまったので、寒さの中をきちんとした身支度もできないままに走り回ることも多かった。また、仕事で二、三里も離れたところへ行き、夜遅くなっても必ず主の安否を問うことを忘れなかった。

主人は酒を好んだので、常に用意をしておき、望むに任せてすすめた。主も彼をいたわってくれ、遠いところに行き、そのたびごとに夜遅く帰るのも大変であろうから、場合によっては先方に泊まり、仕事が一段落してから帰るようにといってくれるのであったが、一夜でも帰らないと主人のことが心配であるといって、遅くなっても夜ごとに帰るのが常であった。

さて、十年の年季が満ち親のもとへ帰ることができるようになった時、庄六は、親のところへ行き、年季が終わったので家に戻り親に仕えるべきであるが、主家では、多くの子どもを抱え困っているので、彼らが成長するまで主家に仕えたいと述べると、親も許して庄六の心に任せた。こうした庄六の行いの数々が領主に聞こえて、宝暦十三年十一月、銭の賞を与えられた。そして、同じころ、彼の忠義者としての生き方が、「庄六行状」という一巻の草子《そうし》として上梓《じょうし》され、広く人びとに示されたということである。

仕えた主人の家が傾いていく、それを支え、かつ主人の子どもたちが一人前になるまでの世話に力を尽くす、総じてその勤務状況が勤勉であり、主人への気配りにも欠くことがないというのである。これらの行為は他にも多く見られるところであるが、ここで注目されるのは、彼のそうした行いは、人びとの手本とされるべきものであるとして、草子「庄六行状」として刊行されたことである。この庄六の伝文に記されている内容は、右のように淡々としたものであり、彼の行動は必ずしも他に比して突出したものではない。そのことが、また、かえって広く庶民に範とされるのにふさわしかったのである。

主人と同時の死を望んだつや

肥後　安永四(一七七五)年　六十　細川越中守領分　阿蘇郡小国郷下城村

つやは、百姓七兵衛の家で生まれ育った下女であった。主家が、きわめて貧しかったので、つやが十七歳の時、銭十貫文で人の家に奉公に出された。つやは、奉公の合間も無駄をしないで働き、夜遅くまで苧《お》を績《う》み綿を紡ぎそれを売り、その代価を貯え置くなどして、十三年で自ら自分の身を贖《あがな》って最初の主人七兵衛の家へ帰った。

しかし、七兵衛の家はいっそう貧しくなっていたので、戻ってきたつやはふたたび質奉公に出された。つやは、いよいよ力を尽くして働き、今度は六年で身を贖って帰ったが、相変わらず主人の家は不幸続きで、その様子を見るに忍びずまた一年の身の代を贈ったけれども、なおそれを補うのには不足であった。そこでまた身を質にして銭を得て主人を助けるなどして力衰えていく主人夫婦の扶助をくり返した。つやは、合わせて二十六年間、五度にわたって人に仕えて四十余貫文の身の代を得て主人一家を支えたのであった。

主人もつやが年四十をこえて「寡《やもめ》」のままに終わってしまうことを憐れんで、彼女によるべを探そうとした。村の中には、つやの志をめでて彼女を迎えようというものも少なくなかったが、つやはこれを聞いて「こころざしハさる事なから、齢かたふき貧きに苦ミ給ふ主人ををきて、己か身のよすか求めなは、たとひいかなるさいはひありとも我心よろこはし」といって拒んだ。

とかくするうちに、主人の妻が病に臥し、手足が働かなくなってしまい、つやは昼夜となく側につききりで介護すること八年に及んだ。このような状況が領主の耳に入り、安永四年、褒美としてつやに銭が与えられた。

その後、主人夫婦はともに亡くなってしまったが、主家の跡を継ぐべき子もなかったので、周囲の人が取り計らって武吉というものを主家の養子とした。そこで、つやはまたこの武吉夫婦に仕えることとなり、相変わらず誠実に勤めた。

安永九年、領主から再度褒美があるとの沙汰があったとき、つやは病に臥していた。そこで郡代も心配してつやに銭を与えて病用を扶け、また村里の心あるものは医薬を贈ったり、人参を与えたり、また近くの医者は乞われないのに病者つやを訪《おとな》うたりもした。武吉夫婦も彼女を厚くいたわったのに対し、つやは何度も礼を言いながら、

前の主人夫婦につかへてその終をもミはてしかハ、心に思ひのこす事なし、又前の主人と同し年に死せん事こそ願ハしけれ、老朽るまてなからへて今の主人のわつらひとならんよりハ死するにしかすといへとも、賤き身にして人々の恩をかうふりぬれハ、その人々のもとにゆきて一言の礼を述んかため思ひおこして薬をも服するなり

と述べた。しかし、その年の暮れに、つやは六十五歳でなくなった。知る人も知らざる人もみんな涙を落として、つやのために彼女の行いを記した石碑を建てたという。

いわゆる譜代下人が徹底して主人に仕え、一生を終わった事例である。一般に「下人」・「下女」という場合、大きくは二つに分けられる。ひとつは期限を限って主人に仕える年季奉公人であり、ふたつは無期限で主人の許に仕えるものである。いずれも「主」に「従属」するものではあるが、前者は一定の期限が来れば「主」に対する「従属」は解き放たれるけれども、後者にはその期限がなかったので、「従属」の度合いはより強いものであった。このような「下人」を一般に譜代下人と呼ぶ。

つやの事例は、後者の場合のものであった。したがって、主人のために何度となく身を売っては尽くすという具合に徹底して主人に心身を捧げ尽くしている。まさにそうしたつやの生涯のあり方に、越えがたい「身分」というものを思わないではいられない。そして、その従属の強さを何よりもよく示しているのが「主人と同じ年に死せん事こそ願ハしけれ」といったというつやの言葉である。譜代下人の場合、日常の行動はいうまでもなく、その意識のあり方までもが、主人あってのものであったということがよくわかる。

また、主人がいなくなった後の相続についても、主家の親族のはからいで「武吉」を養子にしていることは、すっかり傾いてしまったとはいえ、「家」というものをなんとしてでも「相続」させていかなければならないという通念が強く貫かれていたことを改めて思い知らされる事例でもある。そして、そのような養子にもまた「下人」として仕えなければならなかったことがまた譜代下人の実態を示しているのであり、このようにしてまでも「下人」というものは、主人へ「忠義」を尽くさなければならないということを言外に強制しているともいえる事例である。

主人の遺言を守った手代林助

豊後　寛政元(一七八九)年　六十　細川越中守領分　国東郡高田村

林助は豊前国宇佐郡のものであったが、この高田村の徳兵衛というものの手代となった。林助は二十六歳の時にこの家に来たが、三年ほど経って主人徳兵衛が病に臥してしまった。子どもの金作はまだ五歳にしかなっていなかったので、徳兵衛は林助に向かって「我病いゆへしともおほえす、金作か十七、八にならんまて側さらす居て、あきなひの道を教へ此家をつかせよ」と遺言して亡くなってしまった。

林助は、主人の遺言通りに金作をもり立てようと心を尽くし、いささかも「わたくしのこと」はなかった。金作は十六歳なった時、徳兵衛と名を改め、十八歳で妻を迎え、男子一人をもうけた。しかし、この徳兵衛がふと病気にかかり、やがて狂気のようになってしまい、療養に力を尽くしたけれどもその効果はなく、また夫婦の仲も不和になってしまった。林助がさまざまに仲を取り持ったけれども、それもかなわずついに徳兵衛は妻を離別してしまった。

徳兵衛の病状は芳しくなく、一子の小太郎をさえ憎んだので、林助のはからいで小太郎を一族の元へ預け、林助はひたすらに商いに精励しながら主人を支えなければならなかった。多少あった林助の貯えも、徳兵衛がはじから浪費してしまうので、林助が、親の徳兵衛の遺言を涙ながらに伝え、現主人の徳兵衛に異見をしたことであった。その誠が届いたのであろうか、徳兵衛もしばらくのあいだは慎んでいた。

主人の親族が、林助に、妻を迎えて小太郎が成長するまで後見してくれるようにと頼んだが、彼は「妻子に惑ひてあらぬ心の出んもはかりかたし、はや十二にもなり給ひけれはやかて相続させまいらせん」といって、自らは妻を迎えることなく主家の維持継続にのみ心を砕いたのであった。

傾いた主家を建て直し、その再興相続をはかったことが林助の表彰事由である。「忠義者」の具体相は右にみてきたように多様ではあるけれども、行き着くところは主家を守り維持継続させていくことに終始しているといってよい。そのために、主人の子どもが幼少であれば、一人前になるまでその養育を一身に背負い、あたかも親がするであろうことをその親に代わって行っているのもまた同様であった。また、「主」と「従」とのあいだには、越えがたい一線が画されていたことも、すべての事例に共通していた。ともあれ、主人に対しては「私」を出さない、文字どおりの「滅私奉公」が「忠義者」の要件であった。このような「忠義」の態様は、また、庶民の領主へのそれに通ずるものでもあった。

家と村の和

表彰徳目のなかに「兄弟睦者」「家内睦者」というものがある。ここでは主として儒教的倫理によって家内がよく治まっているといった事例が多く見られる。村や家に「和」をはかったことで表彰されているいくつかの事例をみてみよう。

兄弟睦まじい作兵衛

備中　寛文九(一六六九)年　年齢不詳　松平内蔵頭領分　浅口郡六条院中中村

備中国浅口郡六条院中中村に与兵衛・作兵衛・少七の三人の兄弟がいた。十四年前に家産を分け、兄はそれを持って別家し、作兵衛と少七とはなお竈《かまど》を同じくしていた。やがて、兄与兵衛家の経営がだんだん衰えて行き、別家したとき七、八反あった田畑は、はやくも三反余りは人の手に渡ってしまい、さらに、去暮にまた田畑を売らなくてはならないという事態になってしまった。

そこで、作兵衛は兄に向かって以下のように言った。とりあえず家と牛とを売ってこれまでの借財を償い、妻子を連れて自分たちの所へ移ってこられたい、兄弟三人の土地を元のように一つにして、みんなで力を合わせて耕作に励み、そこからの生産を三人で分配すれば、これからも長く百姓の業を続けていくことができるからと。

しかし、兄は、ひとたび家を分けたのにふたたび同じくするということは人への聞こえもよくないし、なんといっても男たちは兄弟であるからよいとしても、女が一緒に集まり住むといろいろ面倒なことが起きてくるであろうと言って、作兵衛の提案を受け流した。

作兵衛は、なおも諫《いさ》めて「兄弟の交り睦《むつま》じく公役を慎ミ勤めよ」というのが今際《いまわのきわ》の母の戒めであった、兄が戻ってくれれば兄を父と敬い、嫂《あによめ》を母と見立ててかしずくこと、したがってわれわれの妻には下女の業を行わせ、もし言うことを聞かないようであったならば、きちんと戒める、それでもなお聞かないようであれば、縁を切って追い出してしまうから心安く自分たちの意見を聞かれたいと強くすすめたので、与兵衛は、作兵衛の家に移り住むこととなった。やがて、借金を償い終えることができ、案じていた家内の和もうまく保たれた。村人もこれを賞し、そのことが領主にも聞こえ、寛文九年、彼らに米が褒美として与えられた。

ここでは、三人の兄弟が仲睦まじく暮らしたということが表彰されているが、注意したいことのひとつは、いったん別れた者が、ふたたび合体しなければならなくなったという その事情である。与兵衛は、分割された田畑を持って分家したけれども、一人前の百姓として「自立」を果たせなかったのである。十七世紀前半から半ばにかけて、多くの百姓が「家父長制」的家形態をとる大経営から分かれ、小百姓として「自立」を遂げていくといわれる。この兄弟たちも、その流れの中に位置していたといってよいだろう。しかし、そうした経営体から分出していった小百姓が「自立」を遂げていくには、それなりの条件が必要であった。ここでは、その条件が必ずしも十分には熟していなかった。それゆえに、一度分割した家産などをうまく運用できずに「自立」の道を失ってしまった与兵衛は、結果として弟たちのところへ戻らねばならなかった。

そして、次に注目されるのが、いったん別れた者たちがふたたび一体化するに際しての問題である。複合形態をとらざるを得なくなった経営を、ここでは、やはり、「家父長制」的枠組みをもって再構成しようとしているのである。すなわち、兄を父に、嫂を母に見立てて家の中を統合していこうというのであった。いずれにせよ、「兄弟睦者」という徳目で表彰されたこの事例の中に、小百姓としての「自立」を妨げる彼らをとりまく困難さ・不安定さ、その中での「百姓相続」の困難さがあったことを見逃すわけにはいかない。

仲良し五人兄弟市右衛門・小平次・久右衛門・治八・伝次郎

播磨　天明三(一七八三)年　六十一・五十五・四十九・四十四・四十　森右兵衛佐領分　赤穂郡坂越浦

魚商をしている市右衛門以下五人兄弟は、妻子を含めて十四人がひとつ家で生活をともにしていたが、それぞれに孝心深く、家中皆睦まじかった。父も市右衛門といい、代々船乗りを生業としていた。彼は、一生懸命に働き家を造り、五人の子どもにそれぞれに居間を作り与えて一緒に住まわせた。その市右衛門が死に面したとき、五人の子どもたちを呼んで「我代にかはらす家をともにし、兄弟相睦ひて専《もっぱら》世わたりを励むへし」と遺言した。

子どもたちは、その言葉を守り、兄を親に見立てて敬い、どんなことでもまず兄に問い聴き、みんなは兄の言葉に従った。産業で得られた利得は、兄の所に集中させ、少しでも、自分個人のものとすることはなかった。そのために、自然と彼らの妻子たちもそのような風儀に染まっていき、互いに睦まじく争うことはなかった。それぞれの子どもたちをそれぞれで愛《いと》おしんだので、はたから見ると、誰が誰の子どもであるのかその区別は感じられなかったという。

ここでも、前の事例と同様に、「家父長制」的規範によって一家中が治められているのを知ることができる。おそらくは、作兵衛・与兵衛ら兄弟の場合と同様に、市右衛門たちの兄弟五人が個々に「分立」しては、それまでの「経営」は成り立たなくなってしまうからであろう。そして、「分立」不能であるならば、非分立の「経営」体を永続させていくためには、それを統合していく原理が必要であった。兄を父に見立て、一家が、その兄の意向に従うこと、つまり、一家の長として兄を一家の柱に据えること、その兄の前にあっては、他のものの間には上下がないこと、そのことによってはじめて一家の和が保たれるのであった。それを、権力は「兄弟睦者」「家内睦者」ととらえ、さらにそれが一族に及ぶような場合を「一族睦者」として表彰した。

一村一家のような村——風俗宜者たち

下野　明和五(一七六八)年　二十七〜五十八(七人)　大関伊予守領分　那須郡高久組弓落村

下野国那須郡内の弓落村は小さな村で、わずか七戸の村であった。その七戸とは源七(五十一歳)、八右衛門(四十六歳)、甚兵衛(五十八歳)、権八(五十八歳)、長次郎(二十七歳)、勘右衛門(四十六歳)、八三郎(四十四歳)たちであり、彼らによって成り立っているこの村は、まるで一家のように和らいでいた。彼らは、ともに農事に励み、毎年の貢物を同じように納め、何か不足しているものがあれば、余っている者が彼らにまわして扶け、足りないことをお上には知らせることなく、うまくやりくりしていた。また、作ったものを市で売った場合には、売上げの多少にかかわらず、相談してはみんなで等しく分配しあったという。このように過不足を、相互に補い助け合ったので、長年にわたって村内では争論など起こす者もなく、また、みんなで睦まじく耕作に励んだので、彼らの暮らしはそれほど貧しいものではなかったという。

このように、一村がまるで一家のように治まっていたことが領主の耳に届き、七人の者は「風俗宜者《よろしきもの》」として誉められた。

風俗がよいということは、村内が穏便に治まっていること、それは年貢がきちんと納められていることであり、争論が起きないということであった。そして、なによりもその基底は、各家がそれなりに「自立」していることであった。ここでは、相互に過不足を補いあうことによって、総体として七戸の家がそれなりに維持継続を保つことができているのであり、ひとまず健全な村支配が貫徹していたのである。このような村のあり方は、まさしく領主にとって好ましいものであり、村々の模範とされてよいものであった。

子なきを乗り越えて一家睦まじく——甚右衛門・六右衛門・同妻

備前　寛文六(一六六六)年　年齢不詳　松平内蔵頭領分　邑久郡鹿忍村

甚右衛門・六右衛門の兄弟はそれぞれの妻とともに、年老い歩行困難になった母の介抱を懇《ねんご》ろに行っていた。冬になれば焚き火をして母の身体をあたため、朝には兄弟で交互にいたわりながら抱き起こし伴い歩き、また二人の妻は、母の好物の茶をいつも調えておいて勧めた。家が貧しく食物も不足がちだったので、わずかの米は母にだけ食べさせ、衣服も、粗末な麻ではあったが、きちんと洗濯の行き届いたものを母に着せていた。兄は五十歳を越え、弟も四十余歳に至るまで、二人は一緒に力を合わせて家業に専念した。紺屋家業は、冬になると染物のあつらえも多かったが、夜の仕事は、年老いた兄にはきついので休ませ、ひとり六右衛門がその作業にあたった。このように兄弟睦まじいのと同様に、二人の妻たちもまた睦まじく、外出するときには、一緒に出かけるのが常であった。

彼ら兄弟に妹がいたが、彼女は、夫と死別してしまったのでこの家に戻り「厄介」になることとなった。彼女を含め、三人の女たちは、まるで姉妹のように親しく、決して争うことなく家の中は和らいでいたという。

しかし、弟六右衛門夫婦には子どもがなかった。妻は夫に向かって、御身は正直にして慈愛深く、また孝悌の誠もありながら子どもがいない、これは「我身の罪ふかきかなす所にこそあらめ」といい、残念なことではあるけれども自分を離縁して、他の人と縁を結び子どもをもうけられたい、自分は二度と人と睦むことはないので、これからも行き来もしたり、何か手伝いがあればするからと涙ながらに語った。これに対して六右衛門は「汝姑《なんじ》に孝を尽くし兄嫂《あによめ》に愛敬ふかき事いふへきかたなし、我あしきのなす所」であるから、そんなことを考えることはない、「子なきはつねの習ひなり」といって諭した。このような兄弟間の和が、領主に聞こえて、三人のものは表彰された。

ここでは、「子なきは去る」という格言に対する一つの見解が示されている。子どもができないということで妻が離縁を申し出たことに対して、夫は自分に非があるということを語っているのが注目されるとともに、夫にそのように言わせた背景には、その妻が、姑に孝であり、兄や嫂に愛敬があるということが前提としてあった。いずれにせよ、「子なきは去る」という通念があったこと、それを打ち消すような言葉が夫から発せられていることなどを通して、それまでの格言の意味するところが問い直されてよいだろう。

この事例でもう一つ注目されることは、配偶者に死別した妹が「厄介」人として居を共にしていることである。このことは、家族の面倒を誰が見るのか、家族の扶養のあり方、とくに生計の手だてを持たないことが多い女性の扶養のあり方を考える場合の一つの手がかりを与えてくれる。

「奇特者」の姿

商業の通念を書き換える

『孝義録』の中には「奇特者」として表彰されたものが全体の二割弱を占める。幕府や藩は、どのような行為を「奇特」ととらえたのだろうか。「奇特者」の態様もまた多様であった。たとえば、村をよく治めた名主であり、利を貪らない商人であり、「当然」の権利を返上した者であり、「悪習」に対峙した者たちであった。

お上が認める商人伝六　武蔵　寛政三(一七九一)年　五十五　江戸町奉行支配所　浅草三間町

質屋伝六は、三、四年前に妻を失った後、残された一人の娘と幼い男女二人の召使いとで浅草三間町で営業することとなった。伝六の商いのやり方は以下のようであった。まず、彼の商業に対する考えの基本は「すべて商人ハ利を重んするならひなるうへ、まつしきもの〻質とりて金をかし世をわたれるハ猶さらなるへし、しかるに伝六は其家業に似つかす篤実なる」ものであった。具体的には、質物をもってやってくる者のうち、とくに貧しい者には、質物の値の外に多少の余分を添えて貸し与えたり、召使いを門前にたたせておいて、物を乞う者がいれば施しをするのが常であった。

四年前、凶作で世上が飢渇に及んだ時には、粥をたいて人に食わせたり、困った近隣の者たちに米味噌薪などを贈ったりして、多くの者たちを救済した。それも公然とするのではなく、昼の人目をはばかって、夜な夜な密かに与えるのであった。

伝六は、日ごろから書を読むことを好み、商いの暇に、学問所の講席に通っては学び、また、そうすることを周囲のものたちにもすすめた。

伝六は、もとは足立郡篠葉村の伝右衛門の子であったが、小さいころ江戸に出て人に仕え、二十一年前に三間町に店を構えて今の生業をするようになった。ある時、伝六の故郷篠葉村の名主善助・順清親子が彼らの土地を質に入れ伝六から三十両の金を借りたことがあった。結局、その名主の家が衰えてしまい伝六に借金を返済することができなくなってしまった。篠葉村は伝六の出身地であり、また伝六の父伝右衛門が、かつて、善助親子に世話になったということもあったりしていたので、寛政元年四月、伝六は本利合わせて四十両の券状（借用証文）を彼らに返した。その後また、名主が田畑を売りたいということを人に話していること、彼らは百両の金を必要としていること、などを耳にした。そこで、伝六は百両に二十両をまして名主からその土地を買い取った。

寛政元年五月、父伝右衛門の三周忌に当たるというので伝六は故郷に立ち返り、名主善助から買い取った土地を菩提寺・鎮守の社人・親戚の者たちにそれぞれ分かち与えることなどをはじめ、数々の作善《さぜん》をしたという。

欲の少ない菓子商新右衛門　武蔵　寛政三(一七九一)年　七十二　江戸町奉行支配所　芝三嶋町

妻と二男一女の三人の子どもを持ち、二人の召使いを抱えた新右衛門は、菓子の商いを業としていた。生まれつき、欲に関心のない者なので、菓子作りの者が持ってきた菓子を仕入れる際、新右衛門はその仕入値を、菓子作りの者たちのいうままに任せていた。その様子を見ていた子どもの新太郎が「商人ハ、たかひの事にて、いつれ価を二つにしてたかきひくきをあらそふ事なるに、なとてかくいふまゝにはかひ給へるそ」というのに対して、新右衛門は、自分は店に居ながらにして商いをしているが、彼らは、朝早く起き、重い荷を担って遠くへ行ったり、寒暑風雨をも厭わないで商っているのであるから、その苦しみは、自分の倍もあるだろう、われわれは、人に物を施すというほどの大身ではないが、せめて値を争うことなく、先方のいうままに求めておこう、たとえ、こちらが高く買ったとしても、売る者にも心があるので、いつまでも法外な高価で売り続けることはあるまい、やがては安くするものである、このことを若い者はよくよく思いはかることが大切であると諭した。

春になって、みなが物見遊山をするころになれば、新右衛門は外へ出て楽しむというのは本意ではないといって、家のうちで酒肴を用意し、召し使う者たちを集めて互いに酒を酌み交わして楽しんだものであったという。

近ごろは、家も豊かになり、子どもには嫁を迎え、孫も生まれたので穏やかな日々を迎えることができるようになった。新右衛門は、自分で家を造り子どもの地借りとなって隠居し、商売の方は、男女七人ほどの召使いをおくようになり栄えたという。

伝六・新右衛門の二つの事例には、「商の道」についての権力側の考え方が潜《ひそ》められていたといえる。江戸時代の社会は、士農工商の身分がそれとして位置づけられていた社会であった。「士」は、文武をもって治乱に処し、万民を安堵するから三民の上にあること、「農」は、万人の食を作り出すからその次に位置する、「工」は、住を職とし、また「貴人」の居所を造作するので「商」の上にあり、単に金銭の利を積んで産業をなす「商」は、一番下に位置づけられていた。

しかし、この二人は、「商」の前提とされた「利」を貪るという観念を捨て去った者たちであると受け取られた。伝六の行為、たとえば貧しい者への施し、困窮時の救済、名主への報恩などは権力からみると、その家業に似つかわしくないものであった。また、新右衛門も決して自己の「利」に走ることなく、他者を立てているのであり、従来、権力が抱いていた「商」観念からはずれるものであった。

かつては、「商」は一番下に位置づけられ、幕藩体制のイデオローグによって商業不要論などがしきりと唱えられたこともあったが、十八世紀も後半になると、商業活動は活発化し、多様化してきていた。もはや、権力側も、従来のような評価に固執しているわけにはいかなかった。結局、伝六や新右衛門らの事例にみられるようなかたちで「商」を行うものを表彰することによって、結果として商業活動を積極的に認めていくこととなった。ここに、幕藩権力の「商」に対する考え方の転換を見ることができるのではないか。

伝六や新右衛門たちのような商行為を「奇特」と表彰しながら、さらに庶民に「金銭」の使い方の見本を示そうとしたのが、せんの場合であった。

金銭の使い方の名手せん

下野　天明四(一七八四)年　六十七　大関伊予守領分　那須郡高久組火鑓村

下野国那須郡高久組火鑓村の百姓源五郎の母せんは、近隣の貧しい人に金銭を貸したり与えたりしてしばしば彼らを助けていた。年を経るに従って、せんから金銭を借りる者の数は多くなっていった。当時、凶年が続いたので、せんから借りた金を返すことができなくなった者の数もまたかなりにのぼったが、せんは「かくては、それぞれの子孫に至りて互に不和の基にもなるへし」といって、貸した金を書き付けて置いた帳簿をみんな焼き捨て、貸主自ら証拠を破棄してしまった。

天明三年、この年の収穫はことのほか悪かったので、せんは、利息なしで金を貸して村人の艱難を救ったり、貧しい者の娘を自分の家に引き取っては養育し、成長すると人に嫁らせたり、馬を飼い置いて、所持していない者たちに使わせたりするなど奇特な行いが多かった。このようなまめやかな志を領主は称美し、天明四年に金を与え、さらに加えて老養のためにといって、せんに絹の衣を着ることを免《ゆる》した。

せんの表彰事由となった行為は、他の女性のそれとは趣をやや異にしている。おそらくは、夫ないしは先代からの蓄積された財力があったのであろう、それを彼女なりに運用したこと、その運用の仕方が評価されたものであろう。それは、借金の返済が滞ってしまった者たちの今後のことを思い、その借金を棒引きにしたこと、無利子で金を貸し与えること、困窮者の娘の養育、困窮者への畜力の貸与などであった。

十八世紀半ばという時期に、庶民が余裕をもって掌中にすることができるような金銭、生活に「余分」な金銭があった場合に、それをどのように運用させていったらよいのかということは、支配する立場の者にとって大きな関心事であったと思われる。そうした金銭を「奢《おご》り」に用いるのが庶民の常道であると権力はとらえた。「質素倹約」を庶民生活に強制しはじめるのもこのころから顕著になってくるのをみても、権力はその「余分」の金銭の行方を見逃すわけにはいかなかったと思われる。せんの場合には、その金が一貫して「弱者」を救済養護する立場に立って運用されているのであって、そのことはまことに領主にとって好ましいものだったのであり、そのことが「奇特」な行為であると称えられたのであった。

このような行いをしたせんとは、いったいどのようなものであったのか、残念ながら伝文は、せん個人についてもまたせんの背後の家族関係についても語っていない。おそらくは、夫なき後、財力を持つ「親」として彼女なりの行動に出たものであろうか。せんが彼女なりの才覚で「自由」にできる経済力を持っていたこと、そのような女性がこの時代にいたことが、また、それとして特筆されることである。

村をよく治めた者たち

村を治めた奇特者知久文左衛門

武蔵　寛政六(一七九四)年　五十九　御代官支配所　葛飾郡幸手宿

武蔵国葛飾郡幸手宿の名主をしていた文左衛門は、自分の住んでいる村をはじめ近隣の村々にまで言い合わせて、家ごとに「助成金」を出させ、その金を取り集めてそれを必要な人に貸し、利倍を積んでおいて不時の備えに貯えておいた。

この地域は、以前からたびたび水難に見舞われることが多く、また、田畑に砂が入り込むこともしばしばであった。それを何とかしなくてはならなかったのであったが、工事の費用がかかるので、長い間放置されたままになっていた。文左衛門は、十六町歩ほども田畑をうち起こせば村民の貢物の納めも楽になるだろうし、村もよく治まるであろうということを日ごろから村の人びとと話し合っていた。そして、それを実現させたのは寛政四年のことであった。このことが知られ、この地を治める勘定組頭小出大助から褒美の銀が下されたので、文左衛門はさらに励んでまた二十五町歩の土地を起こし返すのに成功した。

こうして起こし返した土地を耕作するために、下野国都賀郡乙女村に多くの百姓が移入されていることを伝え聞いた文左衛門は、自らその地へ出向いてその様子を見学し、粕壁宿の喜蔵という者と力を合わせて、いろいろと策を練ったりして村の復興に力を注いだ。

また、千住の駅から栗橋の里までは水かかりの地であるので、駅路の側の並木には松や杉などよりは柳がよいこと、だからその枝を切って挿し木をすれば三年のうちに七千本ほどの並木に仕立て上がるだろうなどのことを思いつき、とりあえず千九百本の柳の苗木を村々に配賦して並木作りを軌道に乗せようとした。

寛政五年、村々は水損の難に遭ってしまったので、文左衛門は、富んでいる家々に訴えて二百両の金を集め、難渋している者たちへ夫食や種麦を無利息で貸し与えた。また、権現堂という川がしばしば氾濫するのを、昼夜をいとわず見て廻り、破損箇所があれば「公」の費用を省いて、できる限り「私」の費用で修理をしたりもした。

七月と十二月の年貢納入の時には、宿内の貧しい者に米穀を与えたり、「両毛作」といって同じ土地から一年に二度の収穫物を得る農法を教えたり、伝馬役の負担に対処するための助成金について「日集め」「月集め」などの工夫を企てたりもした。

また、以前のことになるが、天明三（一七八三）年の浅間山の噴火の時には、二十一人の富家にすすめて翌年の正月から三月まで食物を施させ、三月から七月まで宿内の万福寺の境内で百五十日ばかり施粥《せがゆ》を行った。

さらに、天明七年、米価がことのほか貴《たか》くなってしまい、庶民のなかには徒党するものがあったのを、文左衛門は、米商の家々を説得して、その年の六月から七月まで米穀を値下げして売らせたので、この幸手宿《さって》だけは徒党に加わるものがいなかったという。また、年ごろ貯えおいた雑穀を六十両の金に換えて困窮した人びとに貸し与えたりもした。

このようにして文左衛門は、今年（寛政六年）まで三十七年の間名主役を勤めてきたが、しだいに老い衰えていったので、五年以前よりこの役を人に譲りたいといったけれども、人びとは、文左衛門の日ごろの扱いがよく、村内もよく治まっているので「今しはし」といって留任を願い続けた。こうした彼の行いを四十二人の者が書き記してお上に差しだしたので、寛政六年、褒美として、文左衛門は、苗字は子孫まで、帯刀は一代限りを免されることとなった。これも、小出大助の扱いによるという。

いわゆる「奇特者」の典型が示されているようだ。宿の名主として、宿内をいかにうまく治めたのか、土地の起こし返し、そこへの労働力の導入、それによる安定した年貢納入、道路川などの普請、両毛作を教諭するといった農業技術の指導、伝馬役負担への工夫、凶作時における村民への指導統制など、多面的な働きをした名主の役割がつぶさに語られている。

七代にわたる奇特者木嶋太右衛門

信濃　安永九(一七八〇)年　四十三　御代官支配　高井郡小見村

信濃国高井郡小見村に住む太右衛門は、田畑を沢山持ち、農業および酒を造ることを生業としていた。生産は豊かであり、七代にわたって一度の争論を起こすことなく、家のうちは睦まじくよく治まっていた。それは、父の愚跡からこの太右衛門の時になると、とくに顕著であった。彼らの行いは正しく、お上を敬い掟を守り、決して江戸の陣屋の方に足を向けて臥すことはなかった。また、制札の下を通り過ぎるときには、どんなに雨風が激しくても必ず笠や頭巾を取るなど、お上への礼を欠くこともなかった。

太右衛門の父への孝養は殊の外厚く、多くの召使いを使ってはいるものの、朝夕の飲食や衾《ふすま》をのべることなどは人の手を借りることなく夫婦の手で行った。朝おきると必ず父の安否を問い、父が外出する時には下部《しもべ》二人を従わせ、帰るころには下人を迎えに走らせ、自分も途中まで出迎え、家内の者も揃って門に出て迎えるのが常であった。

親族との交わりも睦まじく、珍しい物があれば少しのものでも分かちあい、遠方でもそれを届け遣わし、病人が出ると聞けば自ら出向いて昼夜となく付き添い懇ろに介抱した。そんな彼のやり方を日ごろから見ている召使いたちもみな彼の行いに倣った。

この村は、千曲川沿いにあり、村高四百三十八石余であったが、元文三（一七三八）年の大水で田畑は押し流され川瀬が変わってしまい、八十石にも満たないような村になってしまった。村人は住み続けるのが困難となり離散しそうな有様となったが、太右衛門はそれを深く嘆いて、村人に利銭を取らずに金銭を貸し与え、彼らに隣村の田畑を質にとらせ、また自らも近隣四ヵ村の田畑を質にとり、年貢だけを納めればよいという条件で、その土地を貧しいものに貸して耕作をさせたりしたので、誰彼もみな自分の田畑のようにして利を得ることができるというので、耕作する手に力が入ったという。

また、子どもが多くてその家で養育することができそうもないような場合には、子どもを引き取って酒造りや油絞りの手伝いをさせ、年ごろにもなれば、各自の状況に応じて仕事を見繕《みつくろ》ってやったので、離散しそうになった者たちも村に止まることができた。

宝暦七（一七五七）年、千曲川が洪水になったとき、父の愚跡は、百五十俵の麦を出して飢人を救った。その跡を継いだ太右衛門もまた、明和二年と五年の洪水に際し、麦稗二百石を供出した。さらに、安永八年八月二十四日の夕より二十六日の朝まで風雨激しく、近隣三ヵ村が洪水になり家々の床の上まで浸水してしまい、飲食の手だてがなくなってしまった時には、太右衛門は、その村々に粥や握り飯などを船に積んで贈り届けるなどして、水が引くまで村人たちの面倒をみた。

これらのことを聞いて、代官岩出伊右衛門は、翌安永九年三月、褒美として銀を彼らに贈り、帯刀は一代、苗字は子孫まで名乗ることを免した。

一家一族睦まじいこと、親孝行であること、村内の治まりがよいこと、そのためにさまざまな施しを行ったこと、困窮者の子どもを引き取って、それを自分の手許で有効な労力利用をしていることや、質にとった土地を小作料なしで村民に耕作させていることなどが評価されている。また、注意されるのが公儀に対する忠節である。「公法」を慎んで守ったとして表彰された肥前の久右衛門、「公納諸役」を怠りなく全うした陸奥の六助一家などの事例にもみられるように、生活全般にわたって「私」より「公」を常に優先させたり敬うことが、表彰される重要な条件であった。また、この事例では陣屋へ足を向けては寝ない、掟を守る、制札の前を通るときには脱帽敬礼するなど、公儀への遵守《じゅんしゅ》の具体相が示されている。

江戸時代、法は、公儀法度（幕府法）と自分法度（藩法）の二つに大別され、それらの中でも、庶民を統治していくうえで、幕府や藩がもっとも重視した事項は、板札に墨書され、町辻や名主の家の門前など人目につきやすい所に掲示された。いわゆる高札とか制札といわれるものである。この高札も、法が二大別されたように公儀御高札と自分高札の別があったが、重要なのは前者であり、幕領・私領においても大高札といわれる五枚の高札が主流を占めていた。それは、雑事・キリシタン・毒薬・駄賃・火付けに関するものであり、そのなかの雑事の高札が、「忠孝」に関するものであった。

このような高札は、一般庶民に法を公示する手段として用いられたため、そこに記された文面は、簡潔でわかりやすいものであった。また、高札場の管理を厳重にして、高札に背いたものを厳罰に処すとともに、高札場の前を通るものには脱帽することを強いたとされている。この事例に示されているように、太右衛門が、制札の前を通るとき、いつも脱帽していることが奇特であるとして表彰されていることは、裏返せば、高札への脱帽行為がともするとおろそかにされていたということになるのだろうか。

明神となった名廻次郎右衛門

紀伊　寛延二（一七四九）年　年齢不詳　高野山慈眼院領　伊都郡東富貴村

次郎右衛門は、紀伊国伊都郡東富貴村に住む持高七十石の百姓であった。正徳四（一七一四）年から享保三年に至るまで、村内の困窮や田畑が猪鹿に踏み荒らされるのを解決するために、次郎右衛門はさまざまな工夫をめぐらせながら対処してきた。しかし、なんとも致し方なく、この地の領主である高野山年預坊のもとにしばしば通って村存続のために年貢軽減を願った。その結果、次の年より田宅にかかる村民たちの負担は軽減されることとなった。

この富貴村には灌漑のための池がなくて人びとは悩んでいたけれども、そのことについては、それまでとくにとりたてて誰も口にする者がいなかった。しかし、次郎右衛門の熱意のこもった進言によって、享保十（一七二五）年正月、年預坊は、この地に新たに池を掘ることを許可した。領主から工事のために必要な人夫の数を問われた次郎右衛門は、五、六千人ぐらい必要であると答えた。すると直ちにそれが聞き入れられ、その言葉どおりにさっそく工事は開始され、四つの池が掘りあげられ、それらは、その後長く村を潤すこととなった。また、この間、道や橋の修復なども次郎右衛門の力に負うことがしばしばであった。

享保十二年四月、洪水によって村の堤防が崩れたときにも彼は修理に力を尽くした。また、洪水のためにその年には収穫がなかったので、次郎右衛門がその年の貢物を村民に代わって納めたり、また寺社が破損すればその修繕をしたり、近隣の者たちの困窮をも救った。正徳から享保期ごろにかけて、餓死する人が多かったが、それを哀れんだ次郎右衛門は、高野山の龍光院に彼らの位牌を建てて弔った。

寛延二年十一月、年預坊から山林の支配を命じられたとき、次郎右衛門は、年預坊に願って、一人でするのではなく、村人たちとともに行うこととした。また、山林を持たない民十七人には自分の所持銀を出して与えたり、金二十両を出して奥院へ通う道を作ったりするなど、彼の善行は数えられないほどであった。

一村のものは、次郎右衛門を深く信頼し、彼の苗字を氏神に付して「名廻明神」と称するほどであった。寛延三年、彼は年預坊から銀が与えられて表彰されたが、宝暦八（一七五八）年、八十余歳で病死した。

その子もまた次郎右衛門といって、持高四十一石四斗六升の百姓であった。彼は、熊野山へ通う道の橋が破損しているのを一人の力で作り替えたり、宮寺の破損を修理したり、また、先年疫病が流行したとき、村人が悩んでいたのを、家別に米一斗を与え村内の混乱を治めたり、牛を持たない民があればそれを求める代銭を無利息で貸し与えたり、衣のないものには衣を与えるなどの善行を行った。

その孫もまた次郎右衛門といって、持高二十二石四斗余りの百姓であった。彼もまた、村内のものへ物を恵み、銀を貸し、米を与えたりした。安永五（一七七六）年、寺領内の村むらの者たちが徒党を結んだけれども、次郎右衛門がつかさどっている村は、それに加わることはなかった。そこで、年預坊から褒美として銀が与えられたが、それを自分一人で受けることなく村の者たちと分かち合った。

天明三（一七八三）年、凶作で村の者たちは悩んだが、次郎右衛門は年預坊に頼んで米八十石と金百両を借りて村民を扶け、その後もうち続く飢饉の時には施粥をするなど、すべて村人の困窮救済に力を傾けた。

このように三代にわたる彼らの善行に対して、村人は、村の明神の森というところに法起菩薩を安置して長く一村の鎮守とし、次郎右衛門の家が栄えることを祈るようになったという。

孫の次郎右衛門は、前述した善行に加えて、父母にも孝行であり、倹約を守り、父祖の風を失わないということなどが、地頭所に聞こえ、天明八年六月、慈眼院より褒美として紬が一反与えられた。さらに、公儀にも聞こえて寛政三（一七九一）年正月御褒美として銀が下された。三代にわたた名主が三代にわたって村内をよく治めたという事で表彰された事例である。三代にわたる彼らの動向を見ると、七十石—四十一石—二十二石という具合に、代を重ねるに従い持高を減少させている。その理由は明かではないが、彼らの功績については多くの「奇特者」と相通ずるものがあり、名主というものが、村を治めていくということが具体的にどのようなものであったのかがよくわかる。とくに、村内から徒党に加わる者を出さないこと、これは、名主にとって、最も重要な任務であった。

さきに五枚の大高札について述べたが、十八世紀にはいるとそれ以外の種類の高札が出されてくる。たとえば、抜荷・鉄砲・新田・博奕・徒党などに関するものである。なかでも徒党に関する高札が明和七年（一七七〇）に発せられていることが注目される。それ以前から徒党を組むことは厳禁であるとされてはいたが、十八世紀半ばになって、あらためて高札として掲げられるようになったのは、徒党が、従来にもまして広範に企てられるようになってきていたからであった。

村絵図作成に尽くした理兵衛

常陸　安永五(一七七六)年　七十四　御代官支配所　茨城郡成沢村

常陸国茨城郡成沢村の年寄役の理兵衛は、田畑の坪付けに間違いがあることを憂えて、後のことも考えて詳細に境界をただし、本郷と新田との境をきちんとした。また、一枚ごとの田畑に「地主」の名を記して、検地帳と引き合わせて、いささかの違いもない絵図を作って「村の内の鏡」とした。

さらに、今まで不毛になっていた土地を起こし返したり、荒地を開墾してそこへ他所からの百姓を導入し、手余りの土地をなくすようにも力を尽くした。これらの事柄を実施した志が奇特であるということで、安永五年三月、領主より褒美として籾《もみ》が与えられた。

また、二十年余りもこの村で組頭をしていた庄右衛門も、村政のことによく尽くしたとしてその行為が評価された。組頭が二人も欠員になったときも、庄右衛門は一人でその役を兼務してその任務に専念した。年寄理兵衛が村の絵図を作ったときにも、はじめから協力してそれを完成させるのに貢献した。常に、農事を励み貢納を怠ることもなく、家の内の治まりも宜しいということで、同時に庄右衛門にも青銅が与えられた。

ここでは、農事、とくに土地制度に関わる村民の業績が評価されている。境界争い、土地争いが絶えず村内の秩序を乱していたことを、その背後に読みとることができる。十八世紀半ばごろともなると、村民間での土地移動は進行し、それにともない土地をめぐる争いも多くなっていったに違いない。それを解決する方法の第一は、田畑の移動の結果をきちんととらえ直すことであり、そのために理兵衛や庄右衛門は貢献したのであった。

「権利」を返上する

民の列に加わり続ける気概を持つひさ

陸奥　寛政二(一七九〇)年　四十一　松平肥後守領分　会津郡西柳原村

陸奥国会津郡西柳原村の百姓門八郎の妻ひさは、当時、夫の姉夫婦(茂左衛門夫婦)のもとに移り住んでいた。夫の門八郎は実義者で、親族はもちろん諸人に対しても睦《むつ》まじく、争いごとを起こすこともなかったが、きわめて貧しかったので、公納を全うするためにも若いときから奉公に出て働かなければならなかった。

ひさは、姑をはじめ茂左衛門夫婦によく仕え、さらに夫を大切にして「女の道」を守り、一村の者に睦まじく、農業や藁《わら》仕事などの働きにも通じていて、文字どおり男まさりの者であったという。茂左衛門夫婦は、近ごろ病気がちになり、加えて、茂左衛門の娘の婿が懐妊の妻を残して家を出ていってしまったので、農事の仕事だけでも大変だったけれども、ひさ一人の力でみんなの朝夕の起臥まで何くれとなく心を添えるのであった。娘は、ほどなく平産したけれども、その後の娘は子どもの養いに掛かりきりになり暇なく、門八郎は奉公に出てしまっているので、ひさが病人を抱えながら農作業や家の内のことに専念しなければならなかった。

このような様子をみた村の者たちは、寄り集まり田打植付などを助けたりした。もとより貧しい者であったので、近隣の者たちは門八郎夫婦を呼んで、「領主の恵」を乞うようにすすめた。すると彼らは「我々先祖より数代、民の数にくハヽり、今まてかゝる事もなきを、我時にいたりてこの事願ひ出なは、先祖の思はん事も空をそろし、たとひ身を粉に砕くとも、さる事せて老幼ともに養ひとけはや」と涙を流していったという。すすめた者たちもこの言葉に服したけれども、このように貧しさの窮みの場合には「救米」が与えられる習いであった。ともかくも病人幼稚ものの養い、年貢諸役などの負担もすべてひさ一人の力で何とか全うすることができた。

彼女の働きは以下のようであった。人に雇われてその賃銭で米塩味噌などを求める、芹苺を摘んで市へいって売り、その値で酒を求め茂左衛門にすすめる、夜は草履草鞋《ぞうりわらじ》を作り生計の補助にする、などのことをしながら、夫婦子どもの衣服はときどき洗濯をして着替えさせ、夏になれば、病人と幼子を蚊帳の中に寝かせ、自分は外で臥し、寒さが激しい時には、人には温かくして自分は薄い衣でいることを厭《いと》わなかった。門八郎は人に仕える身の上なので、初物や珍味などがあれば、自分の衣を脱いでもそれらを買い求めて主人に贈り、主人から貰ったものは急いで持ち帰り家族を悦ばせたりした。茂左衛門夫婦は、長病に疲れ果て筋なきことをいったりもしたけれども、ひさと門八郎の夫婦はそれに逆らうことなく心を尽くして世話をした。

扶助を返上したさよ・きく母娘

美濃　天明三(一七八三)年　六十一・三十六　松平摂津守領分　海西郡大和田村

美濃国海西郡大和田村の百姓小八の妻さよは、夫に死別、娘のきくとわびしく暮らしていた。天明二年のころ、村々の田畑が水損に遭い、里人の困窮にはひとかたならないものであった。みんなは、領主に訴えて救済を請求したので、領主もその様子を調べるために人をここかしこに派遣した。その時、ある庄屋がいうには「百姓のうちに母子ふたり奇特なるものあり」といって以下のような事情を語った。母は年老いているし、娘は先年来、中風を病み足が弱く、ことに女の身ゆえに鍬鎌《くわかま》などの業をすることができないので、ただ木綿を織ってかろうじて生計を立てている有様である、だから、人より先に救済を願い出るであろうと思っていたが、ちっともその気配がない、そこで訝《いぶか》しく思い尋ねてみると、本人の強い希望で、彼女たちを被救済者の列からはずしたのであるという。そこで、二人の生活状況を見たく思って出向いてみると、家はひどくすさんでいて、必要な調度もなく、ただ二人が木綿を織っている始末、生活に窮しているということは一目瞭然であった。そこで「此一村すへて夫食《ぶじき》をこひけるに、汝等もなと願ハさる」というと、「ことしは君の治め給へる地のミつき（貢）、なへて少きよしを伝へ承はれるに、我らか手業も綿の価高くして利を得る事すくなけれと、いかにもして命つなかんほとには、たりぬへく思ひて、かねてより辞せし」と答えたという。

　彼らのように賤しき身でありながら、「時をワきまえつる事神妙なり」とのことで、天明三年二月、褒美として銭が与えられた。そうすると、彼女らは、思いもよらないことであるといって深く悦び、二人が手で織ったものを「雑巾やうのものにもあて給へかし」といって領主に一反の木綿を差し出したので、領主もその志に愛でて、長くおさめ置いたという。

ひさの場合、日ごろ人一倍の働きによって、一家を維持し続けたことが高く評価されているのであるが、それとともに、さよ・きくの母娘の事例と共通しているのは、貧民救済の願を出さなかったということである。とくに、ひさの場合は、はっきりとした意識を持って救済を拒否している。彼女にとっては、救済を請けるということは、「民の数」から外れてしまうと観念されていたのである。何としてでもその枠から外れたくない、自分の代でその枠から外れてしまうことは先祖に対していうべき言葉もないというのである。

このように、「お救い」を請けることは「民の数」から落ちこぼれてしまうという観念は広く庶民のなかに浸透していた。その反面で、後者の事例からは、村内の多くのものが救済を請けていることもわかるのであり、「貧民救済」ということは、また通念として社会に広く深く浸透していたこともまた事実であった。いずれにせよ、当然要求できる「お救い」を辞したこと、そのことはそれとして領主にとって好ましいものととらえられ、それが「奇特」として表彰されることとなった。

「奇特者」の典型常松次郎右衛門

陸奥　宝暦十三(一七六三)年　四十　松平越中守領分　岩瀬郡鏡沼村

郷士常松次郎右衛門は代々庄屋であった。彼は村内のことについては事細かに注意をはらっていたので、村民のあいだには年貢諸役などの未進はなかった。馬を求める代金をはじめ非常時の費用は次郎右衛門自らが率先して出費しその急を救い、返済できないものがいてもいささかも心に掛けることなく、ただ困窮したものを救うことを旨としていたので、村人たちはみな彼に帰服していた。

隣村の仁井田村の里人が離散して、一村が消滅しそうになっていたのを憂えた領主は、彼にこの村の名主を兼ねさせたところ、次郎右衛門は、村に新しく百姓を迎えとり彼らにもほかの村々の者と同様に心を添えた。そして、庄屋給として自分が手にできるはずの給米を自らの掌中にすることなく、年々村人に貸し与えて不時の費用に充てさせるなどの心配りも怠らなかった。このような手腕が認められた次郎右衛門は、宝暦十三年五月、領主の沙汰により鏡沼・仁井田の二村の大庄屋に取り上げられ、十五石の禄を褒美として与えられた。

この周辺の国の習慣で、子どもを一人か二人生むと、以後は生まれた子どもを間引いてしまうことが多かったので、人口がどんどん減少していってしまった。とくに女子の人口が減ってしまい、多くの支度金を用意しなければ妻を迎えることができず、貧しいものは、かなりの年齢になっても結婚できないものが多かった。このような事態は、せっかく生まれた子どもを間引いてしまうことにあるからだといって、領主は間引きを禁止したけれども、その風習はいっこうに止むことはなかった。

次郎右衛門は、同じ領内であるのに、越後国では人口が多い、それは、人がものを乞わねばならない程に生活が困窮しても、子どもを間引く習慣がないからである、だから、その国の女をこの地へ移住させたならば、この村の人たちも自然とその風俗に倣うようになるだろうと領主に告げ、それを実行しようとして自分の費用でもって、越後に人を遣わせた。話はうまくいき、先方に出向いた使者は大勢の女性たちを連れて帰村した。次郎右衛門は、彼女たちを家に養い置いて、近隣の人々で希望するものがいればその者たちに彼女たちを娶せた。やがて、次郎右衛門が思っていたように大勢の子どもをもうけるものが多くなっていったという。

この話が領主に聞こえて、寛政二年、次郎右衛門はふたたび褒美として五十石の禄が与えられて郷士となり、郡中の目付にあげられ、必要に応じては、困窮している村々の再興に当たるように命じられた。

滅亡に瀕した村の建て直しのみならず、いわゆる「村支配」を自らの工夫でうまく遂行した代々の庄屋常松次郎右衛門は「奇特者」として表彰された。なかでも注目されるのが間引きをめぐることがらである。彼が、居住する陸奥国岩瀬郡周辺では、一人か二人の子どもができると、後はみな間引いてしまい、したがって人口は減少してしまう一方だったという。また、間引きに際しては、この事例のように、労働力としての効用が薄い女子が対象とされることが多かった。もっとも、地域によっては男子がその対象になることもあったのであり、子どもに何を期待するのかという観点によって間引きの対象は異なっていた。

間引きの禁止は、人口増加策とともに、倫理的観点からも唱えられた。しかし、ここ陸奥国では、その提唱もあまり効果がなかったようである。そこで、次郎右衛門は、間引きの風習を絶つためにも、そうした風習のない越後から女性たちを導入して、風俗を改めようとしたことであった。このように、同じ領主の支配下にあっても地域によってその風習に大きな違いがあることがよくわかる。間引きの風習がなかったという越後の地方は、一向宗の影響が強い地域であり、子どもや人命に対する考えがそうした信仰と深く結びついていたのであろう。

『孝義録』を彩る女性たち

「貞節者」とは

町人の後家ひめ

備後　享保二十(一七三五)年　三十三　松平安芸守家来浅野甲斐給知　世羅郡高山村組頭半兵衛の娘であったひめは、十八年以前に世羅郡高山町の浜田屋儀八郎に嫁してきた。家業は、三反ほどの田畑の耕作と麻苧《あさお》、綿、衣類、鉄鋳物、穀類、茶、塩、味噌などを売ることであった。

ひめは、孝心深く舅姑によく仕えた。ところが、八年ほど前に夫が病に倒れてしまい、ここ三年来は床に寝付いたままになってしまった。ひめは、幼い子どもを懐に抱きつつ家業を切り盛りしながら、薬用のこと、二便の時の介助など夫の看病に余念ない日が続いた。

夫は、生来気短な者であったが、長い間病床にふせっているためそれがますます高じてしまい、ちょっとしたことにも腹を立て、時には食事もしないでただひめを責め続けた。そんな時にもひめは、顔色を変えることなく言葉をやわらげ彼の心を受けとめたり、親しい友を頼んでは諭したり、病のさわりにならないようにと心を配った。しかし、夫の病がだんだん重くなっていき、昼夜側を離れず介抱に当たらなければならず、瞼を合わせることもままならない日が百五十日ほども続いた。

舅六郎右衛門は、息子儀八郎の病を憂え心を痛めながらも、ひめをさまざまにいたわったが、姑の方はかたましく愚痴ばかりをいって少しも心を添えてはくれなかった。舅姑は年老いていたし、夫は病人であったのでそれぞれに食事を異にしなければならず、しかもよい物をすすめなければならなかった。舅は茶についてうるさくはなかったが、姑はよい物を望んだので、特別に姑用の茶を煎じてすすめなければならなかったりで、朝夕の食物、一年の衣服などの出費もままならなかった。

このように、舅姑の世話、夫の介護に怠ることはなかったが、その甲斐もなく夫儀八郎は亡くなってしまった。一時、ひめが実家に帰ったとき、再婚の話が持ち上がった。ひめは、家業もきちんとこなせるし、まだ年も若かったので、ある有徳者から声がかかり、父の半兵衛も賛成して、そのことをひめに語った。それに対して、ひめは、まだ介護の必要な年老いた舅姑がいること、娘がいること、とくにその娘の今後のことが気がかりなので、再嫁する気持はないといって、婚家に戻り、それまでの生活を続けることとなった。しかし、その後、希望を託していた娘が病死してしまい、今度こそは再嫁するようにと強くすすめる者が多かった。

これに対してひめは、齢七十になる舅姑を見捨てて外に嫁に行くことは本意ではないといった。すると、それでは、婿を迎えて浜田屋の跡を継ぐようにしてはどうかといわれたのを堅く拒んでひたすら舅姑の養育に努めた。

ひめは、自ら布木綿を織り、豆腐を作って商い、日夜力を尽くした。自分は粗食をしても、引き続き舅姑には別鍋でいろいろ調理してすすめたり、ひたすら二人のために心を砕いた。姑にはよい茶を絶やすことなく、時には菓子団子の類まで求めてはすすめたりしたので、舅はいうまでもなく、我儘《わがまま》な姑にも、そうしたひめの心が通じたのだろう、やがて、朝に夕に睦まじく暮らすことができるようになった。

近隣の者が来て、ひめの孝行について尋ねると、舅は「ひめ来りしより十八年の間、一たひにても心にそむきし事なく、姑ハ気ミしかくてすちなき事のミいへは、いかに和らかなる生れつきにても心にさハらんかとワきめにも堪かたきに、露ほともいかりはらたつ事なきを思へは涙も落ぬ」といった。

これらのことが領主の耳に入り、領主はひめに米を与えて表彰した。そして、ひめに子どもがなかったので、甥の虎松を養子にして家を継がせ、持高五石七斗余の年貢を、子孫に至るまで免除したという。

ひめが、舅姑によく仕えたこと、夫の看護に心を尽くしたこと、夫の死後再婚しなかったこと、これが『孝義録』にみる「貞節者」の典型である。この事例のように、夫の死後、再婚せずに老いた舅姑の養育をしながら暮らすことができたのは、ひめに一定の働きがあったからである。それは、布木綿を織ることであり、豆腐を作りそれが商品として売れたからであった。このひめの場合「女の手わさに精しけれは、その利も多く」と伝文が記しているように、女性の衣料生産にかかわる働きが家の中における女性の位地を左右するものでもあった。

いわゆる「夫婦かけむかい」の小百姓の経営では、一家の柱である男性が何らかの事情で働けなくなると、直ちにその生活は破綻に追いやられた。残された者、ここでは老親を含めて、すべてが妻であるひめの肩に掛かった。このようなケースは決して特殊なものではなく、往往にみられることであった。このような状況におかれた女性たちは、生計のために、賃洗濯・賃織・賃縫などの稼ぎに出精することが多かった。しかし、それもそれなりの需要があることが前提でのことであった。どのような形を取ろうとも、当時の女性が身につけていた衣料生産技術は、いざというときにはものをいった。ひめの場合もその例にもれず「布木綿」を織る「女の手わさに」精通していたことが夫亡き後の彼女の家の暮らしを支えた。そしてまた、そのことゆえに「再婚拒否」をも現実のものとしたのであった。

古来から、女性と衣料生産との関わりは深い。ここでは、ひめが織った木綿は、家族の消費分を除いた余りは、近隣の市場へ運ばれ換金され、その金が生計に当てられたと思われる。十八世紀も半ばごろになるとこうした状況が多くなっていった。そしてそれにともない、女性の家の中における位地や役割などもそれとして位地づいていったに違いない。そしてまた、このような衣料生産に携わる日々の生活の中から、女性ならではの工夫が行われていく。もっと後のことになるけれども、久留米《くるめ》絣《がすり》や伊予絣などは、日常生活の中におけるこうした女性たちの営為が産み出した貴重な文化遺産であるといってよい。

夫の病気平癒を祈るなよ

陸奥　寛延三(一七五〇)年　年齢不詳　松平陸奥守領分家来橋本市郎給知　仙台城下大町一丁目

仙台の城下町の貸家に住んでいる染師善七の妻なよは、貞婦の聞こえ高かった。なよは、十八歳の時この家に来たが、二年ほどして夫善七が「癩病」になってしまい完治する気配は見られなかった。なよの父母は、なよがまだ年若いことを思って暇をとって（離縁）外へ再嫁するようにすすめた。すると、なよは、一度夫婦になった以上、病気の夫を置いて外へ行くことはできないし、嫁にきたときには婚家もそこそこに豊かであったのが、夫が病気になってから何となく貧しくなっていったので、このような時になって暇のことを言い出すことは道理ではない、病気やそれに伴う生活の苦しみなどは身に付いた不幸なので致し方ない、力を尽くして夫の命のある限り介抱したいといったので、その後は父母も口を挟むことはなかった。

以来、なよは、薬療はもとより祈らない神仏はないというぐらいに所々をめぐり歩き、ついには、自分が病の夫に代われればよいのにとさえ祈る有様であった。円光大師の像が城下に来て開帳し人に拝ませるということが数日続いたが、なよはその間、毎日のように出かけていっては祈願した。開帳の日数が終わり、像が本寺に帰るという時になって、なよは途中で思わず大声をあげて泣いてしまった。人びとは驚いて、彼女にその理由を問うと、なよは、この大師にお参りすれば必ず願いが叶《かな》うと聞いて、今日までこうして詣でたのに、大師が帰ってしまったならば、これから何に向かって夫の病のことを祈ればよいのかを思うと心細くなって、思わず声を立ててしまったと答えたので、聞く者袂《たもと》を絞らない人はいなかったという。

夫の病はいよいよ重くなっていき、病苦に迫った夫は、折々筋なきことをいっては怒り罵ることもあったが、なよは、いつも平生を装って対応していた。幼い娘が二人いたが、なよは、何事によらず父の心に背いてはいけない、このような重い病に臥しているのだから、いつまでも父に仕えることはできないかもしれない、成長してからどんなに慕おうと思っていてもその時はもう遅い、「たゝかくていませる程をたに、よくつかへてよ」と彼らに教え諭した。

一度嫁した以上、二夫にまみえないこと、回復しない病気の夫に全力投球して看護に当たっていること、幼い娘たちにむかって、父を立てるよう諭していること、などが表彰の事由である。また、神仏への祈りという行為の中に、当時の人びとの病に対する思いを見ることができる。未来への平癒もさることながら、「今」を大切にすること、現在のように科学的知識がなかったこの時、「今」を目前にして、「今」何をしなければならないのか、やはり「祈る」ことしかなかった。

死をもって貞節の証を示したかつ　備中　明和七(一七七〇)年　二十九　浅口郡都羅島

かつは、岡山城下の商人貞吉の妹で、宝暦八（一七五八）年ごろに、百姓某に嫁した。姑との折り合いもよく「女の道」に正しかったので、人びとも彼女を称賛していた。

夫に早く死別してしまい、二人の間には子どもがいなかったので、跡継ぎのこともあって甥を養子に迎えていたが、その養子も幼くして亡くなってしまった。そのころ、養子に出た夫の弟が離縁して戻って来ていたのを、ちょうどよいことだといって、姑はじめ一族がこぞって彼をかつに娶《めあわ》せて、家を継がせようと図った。

かつは、そんなことは浅ましいと思いながらも、そのことを兄に告げた。兄貞吉はきちんと物を学んだことがある人なので、そのことを聞いて「(夫の弟との婚姻は)夷《えびす》の国のならハしにて然るへからす」と答えた。その言葉に勇気づけられて、かつは、一族のすすめを拒み続けた。すると庄屋まで乗り出してきて「名ある家なれは家のため、とにもかくにも娶せハや」といい、姑も同じ思いだったので、どんどん事はすすめられてしまい、もはや後に引けなくなってしまった。

追いつめられたかつは、一間に入って、衣服を改め自殺した。明和七年正月三日のことであった。かつの手許に一族や庄屋に宛てて数通の文が認《したた》められてあった。そこには、

我身不幸にして夫にをくれ候ひし事ハ、天のはからひ給へる事なれは何とせんやうも候はす、ふたゝひ人にまミえ候はんハ女の恥いかはかりに候そや、まして夫の弟たらん人にむつミ候事、人たる道にそむくのミならす、冥途にいまし候夫にいかゝいひわひ候へき、さ

はいへ此事ゆめゆめ上に訴へ給ふへからす

と記されていた。時に、かつ二十九歳であった。

夫を亡くした妻の「二夫にまみえず」という「女の道」を主張するかつと、家相続のために夫の弟にかつを娶せようとする庄屋・一族・姑たちとの正面対立の結果、自ら命を絶つというかたちをとらざるを得なかったが、「女の道」を貫き通したかつが「貞節者」として表彰された。ここには、家の維持継続のために翻弄された、夫に先立たれた若き後家の処遇のあり方が語られている。「家」の存続のために、当人の意向は無視されていること、しかもそれを庄屋までもが加担していることに目を向けなければならないだろう。家名存続のためには人の道を踏み外すような家族関係の強制が「嫁」に向けられたのである。

周囲の強制に押しつぶされそうになったかつは、自らの主張を通すために「女の道」を武器に用いた。そのことは、見方を変えれば、「家」の存続を否定するものであった。本来であるならば、「二夫にまみえず」という「女の道」とは、「家」を守り続けていく女性のために設けられた通念であった。それがここでは見事に「家」の存続と「女の道」とが対立しているのである。もちろん、かつが「女の道」をもって抵抗したからといって「家」の永続が否定されたのではない。十八世紀を通じて変化していく小経営的家をどう捉え直していくのか、このことは、社会的にも大きな課題であった。このような問題をはらんだ明和年間の事例が、守られるべき指標としてふたたび庶民に提示されていることは、十八世紀末から十九世紀にかけて急速に変貌を遂げていく家・家族・女の関係を編成し直そうとするイデオロギー的対応のひとつでもあったといえようか。

数奇な生涯を送った女性たち

自らの道を切り拓いたこや

筑前　元禄二(一六八九)年　年齢不詳　松平筑前守領分　宗像郡地嶋

筑前宗像郡に住む久郎右衛門は、大変貧しかったので、九歳の娘を身売り奉公に出した。それがこやであった。こやは、わずか一俵の米と引き替えに父の手によって売られた。成長した後に、適当に行く末を定めようという主人の言葉に任せてきちんとした期限が設けられないままに。

十七年勤めて二十五歳になったこやは、つくづくと考えた。いつまでという期限もなく人に仕えるのは不安定であること、これ以上いくら働いても少しも父の助けにはならないこと、したがって、このまま年月を空しく過ごすことは耐え難いからといって主人に暇を願い出た。すると主人は、長年自分の養いを受けて成長し、やっと一人前になったところで急に暇を願うとは不届きである、もし暇が欲しいのならば、身の代米として十五俵を償わなければならない、そうでなければこやの願いを叶《かな》えることはできないといった。

こやは、知人を頼って十俵の米をととのえ、残り五俵は程なく揃えるからといって主人にその旨を伝えた。近隣の者たちは、女の身でありながらこのように身の代を短期間に調えることは「奇特」であるといって、主人を説得してくれたので、主人もとうとう返す言葉もなく残りの米を免じて、やがて暇をとらせてくれた。しかし、こやは、十俵の米を調達してくれた人にそれを返す手だてがなかったので、六年季の奉公に出て十三俵の米を借り受けた。

こやの勤めぶりは人にすぐれ、昼夜を限らずに働いたので、新しい主人もその働きに免じて年季が満つるころには身の代米を二俵免じて十一俵を償って身請けしてよいということになった。しかし、不運なことに、ちょうどこのころ凶作と重なってしまい予定通りに事が運ばなくなってしまった。それでも、自分で「身請け」して父とともに暮らすことを心に決めたこやは、六年間のうち心に掛けて少しずつ積んでおいた貯えでもって不足分を補い、自らを贖い父の元に帰り、やっと念願の父娘の生活を始めることができた。

母は早くに亡くなっており、年老いた父には娘のこやしか頼る者もいなかったので、以来、こやは、明け暮れとなく父に孝心をつくした。父は八十歳を過ぎ老い衰えていたので、こやは、片時も父の側を離れることはできなかった。しかし、ただ家にいるだけでは朝夕の設けもできないので、浜辺に出ては藻をとり、山に出かけては薪を樵り、畑を打っては麦を植え、時には人に雇われたりして暮らしをたてていた。働きに出て外から家に帰ると父が待ちかねたように慕ってくるので、家に戻れば直ちに父を外に連れて出してはその心を慰めるのであった。

だんだん父が年をとって衰えていき、とうとう寝付いたままになってしまった。父の病気は消渇《しようかつ》（のどがかわき尿が出ない病気）というもので、昼夜に食事をほしがること十二、三度、湯水を飲むこと三、四十度に及んだ。こやは自分の寝食も忘れてそばを離れないで飲食をすすめて、片時も飢渇の苦しみを与えなかった。暑いときには枕をあおぎ涼しいようにしてやり、寒いときには自分の着物をも父に着せて、自らは袷《あわせ》一つをまとうだけで、父の手足をさすり温めて介抱した。

こやは、家に帰って父に仕えてすでに十年余りになったが、ここ三年来は父がこのような病気であったので、ひたすら看護の連続の日々であった。ある時、父はこやに向かって、「子として親を養ふハ世のならひ」ではあるけれどもこのような貧しさ、ことに女の身で自分のような老病を育《はぐ》くんでくれるその孝行の深いことは「あまねく類ひあるへからす、けにも此地の氏神のその志を感し給ひ、汝にかゝりて我をあはれませ給ふや」といい、落涙して手を合わせて拝んだのであった。

しかし、父の病は高じていき、ついに貞享三年の春空しくなってしまった。こやは限りなく悲しんで、西光寺の僧に頼んで懇ろに法事を営み、また、墓地に一基の石塔をたてたりもした。一周忌、三年忌にも僧を招いて身に過ぎた供養を行い、また、毎月の忌日には斎料《ときりよう》といって麦や栗を寺に持参したので、僧もこやの困窮を察してこのような心遣いは無用である、自分が湯茶を供えるからといったのに対し、こやは、これは父に勧めるのであって、御僧に差し上げるのではないといって毎月の弔いを怠ることはなかった。

こやは、このとき、すでに四十歳を過ぎていたが、なおひとり暮らしをしていたので、よいところがあれば嫁すようにといって仲介をとるものもあったけれど、こやは、そうした申し出に対して、もはや年を重ねているので思いも寄らないことであるばかりでなく「人に従ふうへからハ、身のふるまひも自由ならすして、父の墓まうても心のまゝになし得さらんハ本意なし」といって拒んだのであった。

この事例は多くのことを語る。①貧窮のためとはいえ、米一俵で娘を身売り奉公に出してしまう父娘関係、②奉公の過程で自分のおかれている境遇に疑問を抱き、その状況を自分の手で切り拓いていこうとするこやの行動、③自分の解放のために主人の出してきた条件を工夫して実現させていく姿勢、④借米返済のために新たに奉公をするいわゆる「住み替え」奉公、⑤年季があけ家に帰って始める父娘の生活、とりわけ父の病の介抱、⑥父の法要をめぐるこやの思い、⑦媒《なかだち》による結婚のすすめとそれへのこやの対応　などを指摘することができる。

そのうえで注意されることは、②から④の過程でこやが身につけた経験であり考え方である。二十年余りも人に仕える生活を経験したこやは、その過程でしっかりと「自我」をも確立させていた。それゆえに結婚のすすめに対して右にみたように対応したのであった。人に従うことの不自由さを深く心に焼き付けたこやにとって、「結婚」というものもまた、奉公と同様に「人に従ふ」ことと映じていたのであろう。当時、「結婚」というものが、女性にとってどのようなものであったのだろうか。一般には、こやのようなとらえ方をしてはいなかったであろうが、こやのような経験をくぐってきたものにとっては「結婚」とはまさに「人に従ふ」もの、それゆえに「不自由」なものと観念されたに違いない。そしてまた、そのように観念されるような側面を、当時の「結婚」は持っていたといってよいだろう。

元禄年間には、一般に主従の身分関係が確定する時期であるといわれる。そのようなとき、こやのように奉公しながら「自我」を確立させていくケースは稀有《けう》であったかもしれない。それゆえに、こやにとっては「結婚」とは忌避されるべきものであったのだろう。ともあれ、こやの事例は、いわゆる主従関係意識をつきくずしていく先導的役割を果たすものであるような突出した事例であるといえよう。

奉公人が表彰されている事例は少なくない。しかし、それらの多くは、「忠義者」として、主人に忠節を尽くしたというものである。それとくらべてみるとき、こやの場合は、いわゆる一般の奉公人の態様とはかけ離れたものであり、そうしたこやを表彰していることの意味があらためて問われなければなるまい。

ともあれ、十七世紀末に表彰された事例を十九世紀に改めてここに載録していることは、一方で「忠義」を重視しながらも、主人に抵抗しつつ、自らを自分の手で律していくような強さをも庶民に求めようとしたところに、もうひとつの権力のねらいがあったのではないかとも思われる。

孫に希望を託したまつ　常陸　天明八(一七八八)年　六十二　水戸殿領分　那珂郡東野村

十人組頭喜兵衛の妻まつは、夫・息子夫婦・三人の孫たちとの七人暮らしをしていた。しかし、ある時、家中のものが病気に罹ってしまい、その結果、夫と息子がその病気で亡くなってしまった。かねてから生活に窮していたところにたのむべき男たちの死、残されたのは女子どもたちばかりであった。

幼い孫に家を継がせることもできず、親族に計って、致し方なく二歳の孫娘を添えて嫁を親の元へ返したけれども、なお、病中の費用や年貢の不払いなどの負債をどう処理するのかが問題として残された。周囲の者たちは、これからのことを思い、残された家族の者たちをそれぞれ所縁の者が引き取ること、それまでの負債を処理すること、そのためには田畑や家財を売却してそれに宛てるようにすべきであると、まつを強く説得した。

それに対して、まつは、どのように苦労をしても、孫を養育し、ゆくゆくはその孫に百姓の営みをさせることが自分の本意である、だから、なんとしてでも田畑は残しておきたいと答えた。そのために、お上の金の借用を要求し、その金で負債や年貢などを毎年少しずつ返済したいと思うといって、上へ向けて借金願を出した。みんなは、致し方なく、まつの心に任せることにした。

その後まつは、九石余の田畑に、兄九歳、妹五歳の二人の孫を伴い行き、自ら先頭に立って耕作し、幼い孫たちにもその業を習わせた。そしてまた、農事の暇には女の業を怠ることなくつとめた。まつのこのような一心不乱の働きによって、年貢をきちんと納入することができるようになったし、上から借用した金も返済することができ、今では多少の余裕を持つこともできるまでになった。

このようなまつの働きが、領主に聞こえ、まつは、「既に絶へき家を興せし始め終り、女の身にハたくひなし」として天明八年、銭が与えられ「農業出精」という徳目で表彰され、銭が与えられた。この時、まつは六十二歳であった。

一家の柱と頼むべき者たちがいなくなり、家相続が成り立たなくなってしまう事態に直面したとき、ひとりの女性が、どのような判断と意思のもとに、家相続を実現させていったのかが語られる。まず、嫁と乳児とを親元へ帰す、そのあと男女ふたりの幼い孫と自分と、そして残された負債とを抱えての生活を、どう維持していくのかがまつの課題であった。

周囲の者たちが示した、残された家族の所縁者への分属、田畑家財の処理などの提案は、「家」や「家族」を崩壊させることに結果するものであった。一方、まつは、あくまでも家相続のためにどうするのかという観点に立った判断を追求した。そのために執った手段がお上へ借金を願うことであった。それは、当然要求できる権利を主張したにすぎないが、結局は、周囲の者たちの提案を拒否するものでもあった。まさに、絶家寸前の家の再興に向けて周囲の攻勢に抗して敢然と闘った女性の姿がそこにあった。

このような正面からの対立を、独りの力で全うしたことは、この時代にあってはやはり突出した存在であったといってよいのではないか。そして、このような女性を領主が表彰したこと、さらにまた幕府がそれを評価して、あらためて、ここに詳細な伝文を掲げて重ねて庶民へ模範として示していることに、権力が描く「女性」像が多様化していること、「家」の相続がいかに重視されていたのかということなどが改めて知られるところである。

女師匠のはたらき

「手習い」で一家を支えたやよ

安芸　寛政二（一七九〇）年　四十六　松平安芸守　広島城下竹屋町

やよは、広島城下に住む良助の姉であった。父は、もと領主に仕えていたが、浪人の身となってここに住むようになった。やよは、幼いときから手習いを好み、十三歳のころから人に教えるようになり、その稼ぎで両親と弟を養っていた。やがて弟を奉公に出した後も、やよは父母とともに暮らしていた。

父は、舌疽《ぜっそ》（舌にできるはれもの）を病んで十三年前になくなったが、その病中、やよは側を離れないで懇ろに介抱した。母もまた、日ごろから病弱で、三年前からは手足も不自由になってしまい、日々の食事はやよが手を添えてやらなければならなかった。

やよは、暇ある時には母を背負い近くに出向いてはその心を慰めたが、手習いを教えることを一日も怠ることはなかった。やよの教え方は丁寧であったので弟子たちも自然と多くなっていき、母への食事なども思うように調えることができるようになった。

母は、前々から身に応じた婿を迎えて家を治めるようにやよにすすめていたが、やよは「仰ハさる事なれと、他人のいりきたらんには介抱も心のまゝならし」「母のいきておはさんほとはゆるし給ひてよ」といって結婚することを拒み続けた。

寛政元年、母は七十歳で病死するが、病中、弟とともに側を離れず世話をし、死後の営みもきちんと執り行った。やよは、髪を切ったり歯ぐろなどをつけたりすることもなく百日ほどは毎日参詣し、まるで母がなおいますがごとくに対応したという。

「女の道」を教えるさよ　武蔵　寛政三(一七九一)年　二十八　江戸町奉行支配所　深川北川町

しもは、娘のさよを連れて、深川北川町の按摩春養のもとに後妻に入った。さよは、父母、とりわけ盲目である父をよく労《いたわ》りその世話をした。家が貧しかったので、ある武家のもとに仕えることとなったが、さよは、その仕える暇々に手習いや琴を弾くことを学んだ。また、書を読むことが好きであったので、わずかな給金の中から四書や孝経などを求めては読み習った。

やがて、やよは家に帰ったが、父の業だけでは暮らしもたたないので、あたり近くの女子を集めて手習いや文読むことを、また、希望する者へは琴弾くことを教えた。さらにまた、彼女たちに「女の道」のあらましをも教え諭したので、自然と女児の行いもよくなって、親たちも悦んだという。

さよは、物見遊山などに出ることもなく、ひたすら教諭に力を尽くしたので、一家三人は睦まじく暮らすことができた。さよが年ごろになったので両親が彼女に夫を持つようにすすめたが、さよは「もし父母の養ひ、をろそかにもあらん」といって請け交わし、ひたすら親の養育にのみ勤めた。

やよとさよのこの二つの事例は、近隣の子どもたちを教導し、その稼ぎによって生計を立てている女師匠の姿を記している。ここに共通していることは、ともに十八世紀末の出来事であること、都市を背景にしていること、やよは浪人の娘であること、一方、さよは武家奉公をしていたというように「武士」との関わりをもっていることなどが、彼女たちのあり方を特質づけている。

二人はともに、小さいときから学ぶことが好きであり、自発的に学んだことが「教諭」に連動し、結果としてそのことで一家を支えることができた。そして、ともに、いわゆる適齢期になったとき、結婚を勧められるがそれを拒否した。その理由は親への孝養が疎かになるからというものであった。

『孝義録』には、男女を問わず結婚を拒否する例が多くみられる。そして、その拒否理由は「親の養いが疎かになる」ことを口実にしている場合が多い。その意味ではややさよの場合も同様である。しかし、彼女たちのいう「親の養いが疎かになる」の意味を検討してみる必要があるようだ。二人はともに「教諭」することによって一定の収入を得て親を養育している。だから、結婚することによってその収入に影響が出るということは事実であろう。しかし、彼女たちの思いはそこだけにあるのではなく、むしろ「教諭」することにある種の生き甲斐を見出し、それを続けたいという希望が強かったものと思われる。言い換えるならば、結婚することによって、せっかく掌中にした「教諭」という業を喪失してしまうことを避けようとしたこと、そして、おそらく彼女たちにとっては、結婚よりは教諭の方が望ましいものであったと観念されたのではなかったろうか。

結婚を拒否した彼女たち、親の薦めを拒否した彼女たちが「孝行者」として表彰されていることが目をひく。すでにみたいくつかの事例のように、親の言葉に絶対服従することが「孝行者」であることのひとつの要件であったことを思うとき、このややさよの事例は趣を異にする。

彼女たちが表彰されるに至る理由づけは、親の養育に尽くしたということであり、生計の基礎となった彼女たちの「教諭」という行為にたいする評価は後景に退けられているかのようにみえる。ともあれ、親の言葉に不服従であったにもかかわらず、そうした彼女たちを「孝行者」として表彰しているということは、そうした女性たちの進出をも視野に入れなければならない社会状況が確実に作り出されていたのであろう。

表彰の意味するもの

エピローグ

人の鏡　みんなの手本

以上、『孝義録』から、「孝行者」を中心に善行者として表彰された多様な庶民の姿を見てきた。最後にもう一度、表彰者が、これこそが「人の手本」であり「人の鏡」であったとして人びとに示した模範的庶民像を掲げよう。

「子どもの鏡」悦之助──父子家庭の中で──

陸奥　天明八(一七八八)年　十七　松平肥後守領分　若松城下融通寺町

町人市太夫の次男悦之助は、生まれつきもの柔らかで、親によく仕え親の旨に違うことはなかった。父が、外出して遅くなれば迎えに行き、また商売で遠方にでかけて戻れば、出迎えて草鞋《わらじ》の紐を解く間もなく湯をもっていき父の足をすすいだ。父は、いつものことであるから出迎えることは無用であるといっていたけれども、悦之助はそうした父への孝養を怠ることはなかった。また、急に帰ってきたときなどには、冷えた食事をそのまま出すのはわびしいといって、とりあえず酒をすすめ、そのあいだに食事を温めては勧めるといった細やかな心配りにも怠りはなかった。

ある時、父は須賀川というところへ、兄は新潟へ所用で出向くことになり、年若い悦之助一人が家に残らなくてはならなくなった。それを何かと心配した父と兄に向かって、悦之助は、自分のことは心配はいらないから安心して用事をしてくるように、といって一人で留守番をすることにした。父は、近所の人に留守中のことを頼み、また「日用の料」としていくらかの銭をおいて出かけた。留守をあずかった悦之助は、その銭には手をつけないで昼夜となく糸車を作ることをわざとして日を送った。父は、須賀川から江戸を廻って八十日ほどして戻ったとき、思いのほか長旅になってしまったのでさぞかし大変であったであろうと留守中の悦之助のことを気遣った。それに対し悦之助は、父の心配をよそに留守中の出来事や稼ぎのことを父に話した。そして、父がおいていった銭をそのまま出し、なお別に五百文あるといって差し出したのであった。二十歳にもならない身であるのにこうした悦之助の行為に父も大へん悦んだ。

もとより家は貧しかったので、子どもたちに対して父市太夫は、とくに親としてこれといった教育を施したわけではなかったけれども、兄弟は年相応に読み書きを覚え教養を身につけていった。だから、近所の親たちは彼らの子どもたちが悦之助の所へいって物語りするというと喜んだという。

兄文次郎は仕事のことで外に出ることが多く、家にいることは稀なので、悦之助が朝早くから食事の用意をするのを引き受けていた。また、彼は「夜は町のうち火あやうし」といういましめを守り、たまさかに物見にいくときは、兄弟うちつれて行くなど、何事も父や兄の助けとなることにのみ心を尽くした。

このような悦之助は、まさに「人の子たるものゝ鏡」であるとして表彰された。また、早くに母を亡くした二人の子どもたちをまめやかに育んだということで父市太夫、父の教えや戒めをよく守ったということで兄文次郎も同時に誉められた。天明八年のことであった。

まだ子どもたちが幼いときに母が亡くなってしまった、いわゆる父子家庭での生活の様子が描かれている。庶民の中には、このような状況に立ちいたった家は少なくはなかったであろう。「人の鏡」となるように子どもが成長するのは、親の教えがよいからであるという、大人への教訓を潜めたものであると同時に、親の教訓を守ることがいかに大切であるかということを子どもたちに向けて示すものでもあった。

「農人の鏡」休白・惣一

筑前　元禄十一(一六九八)年　年齢不詳　松平筑前守領分　遠賀郡中原村

陰陽師《おんみようじ》休白の父は一庵といい、はじめの名は父子ともに加右衛門といった。父は占いに巧みであり、休白もそれをうけ継いで国中の人に信用されていた。休白は、性質篤実にして、父に孝養を尽くした。かつて、彼が領主の祈禱所にこもったとき、二泊三日別れたこと以外には、父が世を終えるまで常に側にいて離れることはなかった。

休白は若いときから、嬰子が親を慕うように夜もすがら父の寝所をうかがい、長ずるに及んでは絶えず父の安否を問い、自分は枕を高くして寝ることはなかった。父一庵もまた休白をいとおしんで、彼の介抱をねぎらった。休白は、小さいときから父の心をよろこばすことを自分の楽しみにしていたので、かりそめにも父の心に逆らうことはなかった。

休白は、売卜《ばいぼく》(占い)を生業としていたけれども、耕作にもよく精を出した。やがて、父が病に臥して以来、七十七日で亡くなったが、その病気中には夜を昼にして看病に心を注ぎ、死後も、その哀れみのいたれることはたとえるものもないほどであったという。人が、彼の親への世話の様子を問うことがあっても、自分の行いを人に語ることはなかった。その人に誇らないということもまた比類ないものであった。

休白の子は常陸といって、彼もまた占いを業とし、国の陰陽師の長であった。彼に二人の子どもがあり、惣一、近江といい、惣一は農業を勤め、近江はまた陰陽師の長となった。いずれも孝行者であった。彼らは、ともに父母を喜ばせることを以て自らの楽しみとしていた。とくに、惣一は、朝夕食事を勧めるのにも二親にはことさらに丁寧に調じ、自分は、下部《しもべ》たちとともに粗食を食らい、いささかも身の安楽をはかることはなかった。また読み書きを好み、耕作の合間には常に学ぶことを怠らなかった。休白も惣一もともに君を敬い、国恩を忘れることはなく、貢ぎ物を納めることは諸人に先立って行い、親戚との付き合いは睦まじく、下部には憐れみ深く、村民のみならず隣村のものにまでその志に私心なく、彼らの住むところ、その周囲の風俗はことにすぐれていたという。これらが領主の耳に届き「農人のかゝミ」であるとして賞詞があり、元禄十一年の秋、休白が住んでいる中原の新田三反があたえられ、いよいよ善行に励み、諸人にも厚く教訓するようにとの沙汰があった。

代々占いを業としながらも農業の働きにも怠りなかったこと、その家業と農業とを子孫が受け継いでいること、そしていずれもが孝行者であることなどが、表彰の事由である。そして、ここでは、休白、および孫の惣一が同時に表彰されている。彼らは、占いに関わっているとはいえ農業に専念することも忘れてはいなかった。そして賞詞にあるように、

「農人のかゝミ」の実態は、伝文が語るように儒教的教えの枠組みにてらして、それにかなうものであった。

ここで、陰陽師についてみておこう。幕府は、『孝義録』の編纂を始めたころ、寛政三（一七九一）年四月に次のような触れを出している。陰陽道を職業とするものは、土御門《つちみかど》家の支配に従うべきなのに、近年はその趣旨が徹底されず、陰陽道がみだりに執り行われるようになってしまった、今後はきちんとその支配を受けるようにと。おそらく十八世紀末にもなると「売卜」にことよせ世上を惑わしたり騒がしたりするような事がらが多くなっていたのだろう。そうした状況下、十七世紀末に表彰された陰陽師休白らの事例を「農人のかゝミ」として詳細な伝文を添えて収載していることの意味は小さくない。

「女の鏡」きの　越後　天明七（一七八七）年　六十七　牧野備前守領分　三嶋郡笹花村

越後国三嶋郡笹花村の百姓半左衛門の妻きのは舅姑夫に貞順にしてまた奇特の行いが多かった。はじめ、舅角兵衛は、新右衛門を養子とし、五人の子どもを与えられたが、新右衛門夫婦ともに亡くなってしまった。そこで、半左衛門というものを養子にして、彼にきのを妻として迎えたのだった。きのは、はじめの養子新右衛門の妻の妹であったから、五人の子どもたちは、みなきのの甥姪《おいめい》にあたるものであった。しかし、きの夫婦は継実の隔てなく多くの子どもたちを育て上げた。娘二人は成人の後に外に嫁せしめた。残る男子は、十六歳・十一歳・九歳であったが、二人の弟は養子に出し、兄は角兵衛と名を改めて祖父の跡を継がせた。角兵衛は、四年来「杖庄屋」という村の役を勤めることができるようになった。これもみな、きの夫婦が子どもたちをよく育て上げたからであった。

また、きのは、舅姑に孝心深く、舅角兵衛が病に臥したとき、夫半左衛門とともに側を離れることなく薬をすすめ食物を調え、二便の世話、起き臥しに至るまで力を尽くして世話をした。舅角兵衛は、臨終に際し、孫たちの行く末をきの夫婦に頼んだのに対し、彼らが快く答えたので角兵衛は大変喜んだ。そして、日ごろのきのたちの心のこもった介抱ぶりや礼儀正しい振舞いなどに感謝して安心してみまかったという。

また、姑は八十一歳で亡くなったが、その前の一、二年ほどは歩行が不自由となり、二便の用もままならなくなったので、親子三人で代わる代わる側にいてその手助けをした。姑は蕎麦《そば》切りを好んだので、きのは、それをいつも備えておき、明け暮れとなくその望みを叶《かな》えてやったので、姑も喜んだという。

きのがこの家に来てから二十八年、家内のことを切り盛りするだけではなく、領主を重んじ国恩を忘れず、先祖を敬い、親族の交わり睦まじく、子孫への教えやさしく、近隣の村々までも「女のかゝミ」として知れわたったという。夫が、公役で外に行く時は、腰のもの、衣服をはじめすべて随身の品をきのが整え、出かける時も帰る時も門まで送り迎えした。

また、きのは嫁たちにも教訓厚く、出産の時には、薬用をはじめ何くれとなく人の手を借りることなく世話をした。出入りの折りにも、衣服をはじめ「嫁の恥は姑の恥なり」といって、自分の所持しているものを貸し与えたりして、やさしく気遣ってやった。すべて悪いことは覆いたて、良いことをのみ取り上げたので、嫁たちも、きのの情けに感じ入った。その上、きのは舅姑に心から仕え、かつ、夫を敬ったのであった。

「女の鏡」の典型としての女性像が示されている。継実の隔てなく子どもたちを育んだこと、舅姑によく仕え、病に臥してからはその介抱に心を尽くしたこと、彼らの死に臨んでは、行く末のことを心配することのないように心安かれといって送ったこと、夫を敬い、身の回りのことは人に任せることなく心細やかに世話をしたこと、嫁への導きに心をくだき嫁姑の仲は睦まじかったこと、そのうえ、領主を重んじ、先祖を敬い、親族との交わり睦まじく、子孫への教えやさしかったという。きのは、文字どおりの模範的女性として描かれており、「女の鏡」とは、まさにこれぞというのであった。

「みんなの手本」宗次郎　因幡　寛政四(一七九二)年　六十八　松平相模守領分　高草郡湖山村

幼いときから父母によく仕えていた宗次郎は、母が亡くなってからは、ことさらに父伊右衛門によく仕えた。家は貧しかったけれども、朝夕の食事を一手に引き受けた宗次郎は、父には冷えたものをすすめることなく、手間のかかる野菜までも心を遣って食卓にのぼせた。父は、酒を好んだので、宗次郎は貧しい家計の中でもやりくりして晩酌用の酒を欠くことはなかった。宗次郎本人も酒を好んだけれども、自分ではつゆ飲むことなく、ひたすら父のためにのみ気遣い、父の好みに任せてどこの店のものがよいかを訪ね求めたものであった。

父が老い衰えていったので、朝夕所在ないのではないかと気遣い、自分ではあまり遠出することなく、耕作に出るときでも必ず父に声をかけ、あとに残るものに、細々と父のことを頼んで出かけ、一日に二度は必ず家に戻っては安否を尋ねた。夜には、父の側に臥して寒暖に心を配り、起臥の助けをし、厠《かわや》に行くときには必ず手を添えた。

宗次郎の振る舞いがこのようであり、家族の者たちもみな彼に倣って父に対して孝順であったので、村人たちは「年たけたるものハ伊右衛門にあやかり、年わかきものは宗次郎を見ならふへし」ともてはやしたという。

息子が父に対してどのように孝行を果したのかということがよく記されている。食事、酒、病に際しての介抱、それでいて、常に親をたてていること、みんながあやかりたいというその姿、それは庶民の生活の中で決して突出したものではない行為なのである。「年寄りは伊右衛門にあやかり、若い者は宗次郎をみならうように」と。これこそ『孝義録』に託して、幕府がおしすすめたかった庶民教化の柱のひとつであった。

「村人の鏡」三郎右衛門

若狭　安永五（一七七六）年　三十四　酒井修理大夫領分　遠敷上中郡本保村

百姓三郎右衛門は、生まれつき篤実にして父母によく仕えていたので、村人たちは、こぞって彼の行いを鏡としていた。彼は、老父母の仕事が大変であるのを何とかしたいと思って、別に小さい家を造ってそこに住んでもらい、朝夕となく安否を問うことを一日も怠ることはなかった。

ある日、三郎右衛門が田面《たのも》へ行こうとしたとき、母は鍬《くわ》を持っていくようにといったのに対し、父は唐鍬《とうぐわ》にせよと言った。彼は、母と父の心を思い、その心に違わないようにと、鍬と唐鍬の双方を携えて出かけた。また、彼が痔疾に悩んでいるのを、父母がとても心配するので、自らその治療を怠ることのないよう心がけ、また調子が悪くても心地よいふりをして両親の心配をかわしていた。だから、小浜《おばま》へ出かけるようにと父が言えば、痛むときでも平生を装って引き受け出かけ、かりそめにもその心に背くことはなかった。

三郎右衛門の妻もまたそのような夫に従って、舅姑にまめやかに尽くした。そのために姑は、人と話をする度ごとに、嫁のことを称えたものであった。たとえば、姑が、新しい襦袢《じゅばん》を着て喜んでいる様子なので、周囲のものが訝《いぶか》しく思ってそのわけを聞くと、「嫁わが襦袢の垢《あか》つけるをうれひ、これをこそとて、をのが襦半をとりいてゝ着せぬ、われ此新しきを悦ふにハあらす、只《ただ》嫁の志をよろこぶなり」と答えたという。父の勝右衛門も律儀者で、久しく村の組頭を勤めていたが、その村は一村よく治まり、彼の言葉に服さないものはなかった。それゆえに、数十年たった今も村内はもとより家の内も睦まじいものであるという。

親への孝行の行為もさることながら、両親の言葉を子がどのように受け止めているのかということに、あらためて思いをはせておこう。すでに肥後国の藤市の事例（九八ページ）でもみたように、「子」にとっては、父も母も「親」であることに変わりないのであり、父と母の言葉に軽重の別はなかった。

親の誇り孝行息子満吉——表彰された者のその後

越前　安永元（一七七二）年　二十八　酒井修理大夫領分　敦賀郡道之口町

敦賀郡の百姓忠兵衛の子満吉は、生まれつき律儀もので父母に孝行をつくし、二人の弟妹をもよく可愛がった。父は、わずかの田畑しか所持していなかったが、それでも若いころはそこそこの営みをしていた。やがて、年を重ねるにつれ病がちになり、今では、家にいて草履《ぞうり》などをつくって家計の補助をする程度であった。しかし、気性は激しく筋ない（わけのわからない）ことに子どもを叱ったり罵ったりすることがしばしばであった。

そんな父ではあったが、満吉は、幼いときから父に向かっては決して言葉を返すことなく、すべてその心に従い仕えた。若者たちが寄り集まるような酒席には顔を出すことなく、ひたすら身を慎んでいた。そうした満吉の生活態度に、父母は「我家貧しといへと満吉常に励ミて人の田を耕し、又日々の背持（荷を背負って運ぶ仕事）をも怠らされハ、一家心安く世を渡りぬ」と語った。このことが領主に聞こえ、庄屋や長百姓を呼んでその事実を確かめたところ、寸分も噂と違うところがなかったということで表彰された。

ある時、満吉は魚を入れた荷を背負って京都へ行き、その帰り、近江の今津のあたりで紙入れ（財布）を拾った。落とし主の旅人を見つけて渡したところ旅人は大変悦んで、謝礼にいくばくかの銭を差し出したが、満吉は「我世わたりハわひしけれと、日々に背持の賃とりて銭も乏しからす、此謝礼うくへくハ、紙入ハ、なとかへすへき」といって受け取らなかった。旅人は、満吉の無欲に感じ入って、それでは山中の茶屋に行き疲れをいやすためにといって酒を勧めたけれども、満吉はさまざまにいい詫びて飲まなかった。しかたなく、さらに一緒に別の村の酒屋に行き、また酒を勧めたが、これも堅く辞して受けなかった。旅人は、満吉の廉潔を称美すると、酒屋の主がいうには「かれハさきに孝行の聞こえありて、領主より米を給ハり、それからへに良民伝といへる書をも給ハりつる者なり」と語った。それを耳にした旅人は、しばらく嘆息した後、その良民伝なるものをみたい、幸い満吉の住んでいる里は、自分がこれから訪ねようとしている村の近くであるからといって満吉と一緒に行ったという。

この事例から、孝行息子を持った親の誇らしげな思いの一端を読みとることができる。また、領主から表彰された者を、近隣の者がどのように受けとめているのかをもあわせ知ることができる。そして、何よりも注目しなければならないことは、ひとたび表彰されたというその事実が、いかに被表彰者（ここでは満吉）のその後の行動を律しているのかがよく語られている。「善行者」というレッテルは、その後の本人の意識や行動を、時にはその家族をも巻き込んで「善行者」という枠からはずれないように自主規制を強いるものでもあった。「善行者」の行為を広く手本として示すと同時に、「善行者」自身のその後を律していくという二重の効果をもつ、当時の「表彰」とは、まことにこのようなものであった。

表彰の意味――『孝義録』その後

「善行者」として表彰されたものの事例を、『孝義録』によりながら縷々《るる》と述べてきたが、これらを通して幕府が『孝義録』を刊行したことの意味と効果とを改めて考えてみる必要があるようだ。

享和元年（一八〇一）に、『官刻孝義録』が刊行されて以後、この種の編さん事業がふたたび企てられている。文化四年（一八〇七）九月に、老中牧野忠精《ただきよ》から表彰事例の書き上げの命が諸方に出された。それによると、寛政元年（一七八九）の達しで差し出した分（『孝義録』に収載分）を除いてそれ以後に表彰したもの、および前回書き漏らしたものを、文化六年までに幕府に報告するようにというものであった。さらに、同七年・八年と追加通達が出され全国から多くの事例が幕府に提出された。

しかし、『孝義録』の第二弾として目論まれ、書き上げられ集められた史料は、結局、そのまま積み上げられたままで成書にはならなかった。それは、後に林煒《あきら》らによって嘉永元年（一八四八）十一月に整理され「続編孝義録料」として保存されている。以後、幕藩体制下においてはこれに関連するような、体系的な企ては行われなかった。このことは、『孝義録』刊行時とその後の幕藩権力のあり方の違い、社会状況の違いや『孝義録』がもたらした効果などと深く関係するものであった。

慶応四年（一八六八）、幕府に代わった維新政権が、関東を制覇するために送った征討軍は、人倫にもとづいた「弱者救済」を掲げると同時に、「善行者」を書き上げさせて、彼らを表彰することを通して人心を引き付けていこうとした。また、明治期の『明治孝節録』、大正期の『明治功臣録』などの刊行にも示されているように、権力はしきりと「孝節者」や「功臣者」の表彰を行っている。

このような表彰行為は、さらに昭和に入っても受け継がれていく。昭和五年（一九三〇）、文部省は『孝子徳行録』を刊行した。その凡例には、(1)本書の刊行は、教育勅語渙《かん》発《ばっ》四十年記念行事のうち、文部大臣が表彰した孝子順孫の徳行を輯録したもので、その記事は、地方長官の上申書より徳行調書の部分を摘記したもの (2)孝子徳行の内容については、調査当事者の記述が最もよく伝えているので、あえて画一化せず、ほとんど原文のまま とする (3)印刷発行を急ぐので、多少の脱漏誤謬は免れない と記されている。刊行のきっかけや掲げられた徳目には違いがあるけれども（『孝義録』には十一種、ここでは、「孝行」のみ）、各地方に広範に事例を調査をさせ、上申させていること、書き上げられた記事をそのまま伝えようとしていることなどは『孝義録』と共通するものがある。

江戸期、続いて明治、大正、昭和にかけて行われたこれら一連の事業は、それぞれの時代を反映しており、またそれぞれの意図があったけれども、いずれも幕府によって手がけられた『孝義録』刊行のねらいと共通するものが少なくなかった。

江戸期以来、現在に至るまで、そのかたちを変えてはいるものの、「善行者」を表彰するという行為は絶えることなく行われてきている。どのようなことを「善行」とするのか、「表彰」される者、「表彰」する主体、表彰理由など、きわめて多様になってはいるものの、決してその行為はなくならないばかりか、近時、より一層多彩をきわめてきているのではないだろうか。その「表彰」という行為のもつ意味は、「表彰」は何のためにするのか、

「表彰」される者はどのような思いで「表彰」されるのか、「表彰」というものがそれぞれの人にどのような効果をもたらすのであろうか。そんなことを思うとき、十八世紀末に幕府が全国規模で刊行した『官刻孝義録』のもつ意味合いを改めてかみしめてみなければならないように思われる。

男，右が女。○数字は集団の件数。

一族睦	風俗宜	潔　白	奇　特	農業出精	敵　討	総　計
			5(5－0)	1(1－0)		13
			15(15－0)			62
			2(2－0)			10
			13(12－1)			61
	②3(1－0)		②27(25－0)	①1(0－0)		78
		1(1－0)	2(2－0)	1(0－1)		31
			17(16－1)	13(13－0)		153
				3(3－0)		73
			15(14－1)	2(2－0)		51
		1(1－0)	2(2－0)			12
						19
						14
			4(4－0)			9
			9(9－0)	1(1－0)		16
	②2(0－0)	1(1－0)	①65(61－3)	1(1－0)		247
			4(4－0)			16
			12(12－0)	4(3－1)		40
	⑭15(1－0)		①95(88－6)	①71(55－15)		441
			17(17－0)	4(4－0)		77
		2(1－1)	12(10－2)	1(1－0)		138
		1(1－0)	25(23－2)	7(7－0)		243
			②16(14－0)			75
	④11(7－0)		①60(55－4)	15(14－1)		273
	③4(1－0)	2(2－0)	⑥315(300－9)	61(57－4)		1,420
		2(1－1)	36(30－6)			248
	①1(0－0)	5(3－2)	19(18－1)	①1(0－0)		75
		1(0－1)	13(13－0)			81
		5(5－0)				14
						3
			6(5－1)			15
		1(1－0)	51(50－1)	7(7－0)		429
			2(2－0)			17
	③3(0－0)		16(15－1)	48(46－2)		154

徳目別表彰事例数　それぞれの欄の最初の数字は件数。(　)内の数字は左が

	孝行	忠義	忠孝	貞節	兄弟睦	家内睦
山城	5(4−1)	1(1−0)		1(0−1)		
大和	45(30−15)	2(2−0)				
河内	7(6−1)	1(0−1)				
和泉	47(30−17)				1(0−1)	
摂津	46(29−17)				1(1−0)	
伊賀	26(19−7)	1(1−0)				
伊勢	116(67−49)	2(1−1)		4(0−4)	1(0−1)	
尾張	60(28−32)	4(3−1)		3(0−3)	3(2−1)	
三河	30(21−9)	1(1−0)	1(0−1)		2(1−1)	
遠江	6(5−1)	2(2−0)			1(1−0)	
駿河	18(14−4)	1(1−0)				
甲斐	11(4−7)	2(1−1)		1(0−1)		
伊豆	5(5−0)					
相模	6(5−1)					
武蔵	146(122−24)	22(21−1)	3(3−0)	6(0−6)	1(1−0)	
上総	11(9−2)	1(1−0)				
下総	23(17−6)	1(1−0)				
常陸	195(148−47)	9(7−2)	2(2−0)	47(0−47)	5(5−0)	2(2−0)
近江	54(30−24)		2(2−0)			
美濃	117(91−26)	4(3−1)		1(0−1)	1(1−0)	
信濃	200(135−65)	4(4−0)	3(3−0)	3(0−3)		
上野	55(42−13)	1(1−0)	1(1−0)	2(0−2)		
下野	152(108−44)	11(8−3)	3(3−0)	17(0−17)	2(2−0)	2(2−0)
陸奥	676(516−160)	217(181−36)	34(30−4)	70(0−70)	23(23−0)	18(15−3)
出羽	196(152−44)	2(2−0)		2(0−2)	3(3−0)	① 6(5−0)
若狭	40(24−16)	4(2−2)		1(0−1)	4(4−0)	
越前	67(48−19)					
加賀	7(6−1)	2(2−0)				
能登	3(3−0)					
越中	9(7−2)					
越後	312(216−96)	36(27−9)	5(4−1)	6(0−6)	9(9−0)	2(2−0)
佐渡	10(7−3)	5(3−2)				
丹波	83(55−28)				4(4−0)	

一族睦	風俗宜	潔　白	奇　特	農業出精	敵　討	総　計
			2(2−0)	3(3−0)		26
			6(6−0)	10(10−0)		111
			1(1−0)			15
			1(1−0)			26
			9(9−0)			75
			6(5−1)	2(1−1)		48
			2(1−1)			2
			28(25−3)	4(4−0)		255
			16(16−0)	1(1−0)		83
	②2(0−0)	1(1−0)	①83(78−4)	3(1−2)		311
11(11−0)	①1(0−0)		①18(16−1)	2(2−0)		110
			4(4−0)			105
	②2(0−0)		5(5−0)			97
			21(20−1)	3(3−0)		91
			13(13−0)	1(1−0)		162
			4(4−0)			83
						15
			3(3−0)			42
			4(3−1)			88
1(1−0)			52(50−2)	15(13−2)		418
						23
	③14(11−0)		25(23−2)	①7(6−0)		168
	①1(0−0)	1(1−0)	13(13−0)	5(5−0)		141
			6(6−0)			76
	88(88−0)		129(127−2)	98(86−12)		624
			34(32−2)	3(3−0)		382
			39(39−0)	3(2−1)		172
		1(1−0)	4(4−0)			55
			3(3−0)			45
			13(13−0)	1(1−0)		93
						1
			6(5−1)			22
					7	7
12	147	25	1425	403	7	8579

	孝行	忠義	忠孝	貞節	兄弟睦	家内睦
丹後	21(12−9)					
但馬	88(55−33)				1(1−0)	6(4②−0)
因幡	11(8−3)					3(1②−0)
伯耆	25(21−4)					
出雲	66(44−22)					
石見	34(25−9)	1(1−0)			3(3−0)	2(1①−0)
隠岐						
播磨	193(120−73)	3(2−1)	1(1−0)	5(0−5)	9(9−0)	12(11①−0)
美作	62(48−14)	1(1−0)				3(2①−0)
備前	182(125−57)	9(8−1)	1(0−1)	8(0−8)	13(12−1)	9(9−0)
備中	73(50−23)			1(0−1)	4(3−1)	
備後	90(59−31)			3(0−3)	4(4−0)	4(2①−1)
安芸	77(56−21)	8(8−0)	1(1−0)	1(0−1)		3(2−1)
周防	62(39−23)	2(2−0)			2(1−1)	1(1−0)
長門	145(109−36)	1(1−0)		1(0−1)	1(0−1)	
紀伊	73(44−29)	5(4−1)			1(1−0)	
淡路	14(12−2)	1(1−0)				
阿波	37(28−9)			1(0−1)	1(1−0)	
讃岐	81(64−17)	1(0−1)			2(2−0)	
伊予	313(225−88)	19(13−6)	7(6−1)	2(0−2)	1(1−0)	8(7①−0)
土佐	22(11−11)			1(0−1)		
筑前	107(90−17)	6(6−0)	1(1−0)	4(0−4)	2(2−0)	2(2−0)
筑後	111(90−21)	1(1−0)	1(1−0)	2(0−2)	4(4−0)	2(2−0)
豊前	67(53−14)		1(1−0)		2(2−0)	
豊後	176(120−56)	126(110−16)	2(1−1)	4(0−4)	1(1−0)	
肥前	329(256−73)			9(0−9)	4(4−0)	3(2−1)
肥後	116(86−30)	9(7−2)		2(0−2)	3(3−0)	
日向	47(36−11)	2(1−1)		1(0−1)		
大隅	40(33−7)	2(2−0)				
薩摩	57(43①−13)	21(17−4)		1(0−1)		
壹岐	1(1−0)					
対馬	12(10−2)	3(2−1)		1(0−1)		
附録						
総計	5516	557	71	209	119	88

あとがき

江戸時代を対象にした研究に携わってから久しい。当時の人びとはどのように生きていたのだろうか、悦びは？　悲しみは？　苦しみは？　不都合は？　そして、人びとは日々の生活のなかで、何を矛盾と感じ、それとどのように対峙してきたのか、そのためには、どのような工夫を凝らしてきたのだろうか、日々の生活の中で、何を捨て、何を守り受け継いできたのだろうか、一体どのような夢を抱いていたのだろうか、また、当時の社会をとりまく障害を人びとがどのように克服して今があるのだろうか、そしてこれからどうしたらよいのだろうか、といった関心がいつも私のあたまの隅にあった。

そんな中で、大分以前のことになるが、『官刻孝義録』と出会った。国ごとに支配ごとに整理されている該書の各巻の初めには、詳細なリストがあった。そこには、表彰された人の名前・年齢・性別・職業・表彰徳目・生国・表彰者などが記されていて、所々に○が付けられていた。そして、〇の付いている人については、リストの後に「伝文」があり、その人が表彰されるにいたるまでの生き方、生活状況などが生々しく記されていた。まさに「事実は小説よりも奇なり」の言葉通りの事実が詰まっていて、一喜一憂しなくては先へ進めないほどに惹きつけられるものであった。

以来、それを開いては女性の生き方、婚姻のあり方、家族関係、家長の位地、「孝」とはなにか、などを中心に庶民の姿について、思いを巡らせてきた。『官刻孝義録』が作られた背景やその意図については本書中に記したようである。従って、そこに描かれている人びとの生活スタイルは、表彰された者たちのそれであり、あくまでも幕藩権力にとって好ましいとされるものであった。しかし、「善行」を称えるその文面の背後に、「悪行」をも含めて多くのことがらが秘められていることを看過ごすわけにはいかなかった。

人びとの生き方は、事例が示しているように、それぞれに異なっているのであって、事例の数だけあるといってよいだろう。それだけ多様であったともいえる。しかし、その多様性を認めながらも、やはり江戸時代を特徴づけている庶民に共通する生き方もまた一方にあったことも否定できないだろう。そこで、本書では、多様の中の共通をも探り出したいとの思いで、なるべく多くの事例をとりあげ、記されていることがらをなぞり、できるだけその実態に触れられるように努めた。とりあげたそれぞれの事例の下に、表彰された人が属した国名、表彰された時期、表彰されたときの年齢、支配および出身地とを示しておいた。地域的片寄りがないように、また時期的にも広くわたるように心がけたけれども、所詮、とりあげられる事例には限りがあった。

本書を『江戸時代の孝行者』と題したが、『官刻孝義録』の刊行が十九世紀の初頭であってみれば、おのずから時期的な限界がある。おそらくは、十九世紀以降、庶民の様子は大きく変貌を遂げていくにちがいない。その意味でも、その変動の様相を包含できないことに隔靴掻痒の感を否めないが、ともあれ、『官刻孝義録』にかぎって検討を加えた。

本書を手懸けていく過程で、本書が依拠した『官刻孝義録』を、別途、史料集にまとめることができた。従って、本書に引用した各事例の省略部分、および、ここに収録できなかった多くの事例については、『官刻孝義録』（菅野則子校訂　東京堂出版、一九九九年）を御覧いただければ幸いである。

一九九九年三月二十五日

菅野則子

著者紹介

一九三九年、東京都に生まれる

一九六二年、東京女子大学文理学部史学科卒業

一九六四年、東京都立大学大学院人文科学研究科修士課程終了

現在、帝京大学教授

主要著書・論文

村と改革—近世村落史・女性史研究—　官刻孝義録〈校訂〉　江戸時代の女性たち〈共著〉

「江戸時代の家父長制イデオロギーと庶民の家族関係」『歴史評論』五一七

歴史文化ライブラリー

73

江戸時代の孝行者

「孝義録」の世界

一九九九年　八月　一日　第一刷発行

著　者　菅《すが》野《の》則《のり》子《こ》

発行者　林　英　男

発行所　株式会社　吉川弘文館

東京都文京区本郷七丁目二番八号

郵便番号一一三—〇〇三三

電話〇三—三八一三—九一五一〈代表〉

振替口座〇〇一〇〇—五—二四四

印刷＝平文社　製本＝ナショナル製本

装幀＝山崎　登

歴史文化ライブラリー

1996.10

刊行のことば

現今の日本および国際社会は、さまざまな面で大変動の時代を迎えておりますが、近づきつつある二十一世紀は人類史の到達点として、物質的な繁栄のみならず文化や自然・社会環境を謳歌できる平和な社会でなければなりません。しかしながら高度成長・技術革新にともなう急激な変貌は「自己本位な刹那主義」の風潮を生みだし、先人が築いてきた歴史や文化に学ぶ余裕もなく、いまだ明るい人類の将来が展望できていないようにも見えます。このような状況を踏まえ、よりよい二十一世紀社会を築くために、人類誕生から現在に至る「人類の遺産・教訓」としてのあらゆる分野の歴史と文化を「歴史文化ライブラリー」として刊行することといたしました。

小社は、安政四年（一八五七）の創業以来、一貫して歴史学を中心とした専門出版社として書籍を刊行しつづけてまいりました。その経験を生かし、学問成果にもとづいた本叢書を刊行し社会的要請に応えて行きたいと考えております。

現代は、マスメディアが発達した高度情報化社会といわれますが、私どもはあくまでも活字を主体とした出版こそ、ものの本質を考える基礎と信じ、本叢書をとおして社会に訴えてまいりたいと思います。これから生まれでる一冊一冊が、それぞれの読者を知的冒険の旅へと誘い、希望に満ちた人類の未来を構築する糧となれば幸いです。

吉川弘文館

〈オンデマンド版〉
江戸時代の孝行者
「孝義録」の世界

歴史文化ライブラリー
73

2017年（平成29）10月1日　発行

著　者　菅《すが》野《の》則《のり》子《こ》
発行者　吉川道郎
発行所　株式会社　吉川弘文館
〒113-0033　東京都文京区本郷7丁目2番8号
TEL　03-3813-9151〈代表〉
URL　http://www.yoshikawa-k.co.jp/

印刷・製本　大日本印刷株式会社
装　幀　清水良洋・宮崎萌美

菅野則子（1939～）

ISBN978-4-642-75473-6